A RETURN to LOVE

經典紀念版

愛的奇蹟課程

透過寬恕，療癒對自己的批判

Reflections on the Principles of "A Course in Miracles"

瑪莉安・威廉森——著
Marianne Williamson
周群英——譯

目錄

第二部 奇蹟的實踐

編按：

本書中以標楷體呈現之《奇蹟課程》章句，皆引用自美國心靈平安基金會（Foundation for Inner Peace）授權台灣「奇蹟資訊中心」於二〇一一年出版，由譯者若水女士翻譯的《奇蹟課程》中文版新譯本。在此，向若水老師及奇蹟資訊中心的弟兄們，致上最誠摯的謝意。

【推薦序】

一本陪伴你回歸愛的好書

心理治療師暨奇蹟講師　王敬偉

中文版《奇蹟課程》於一九九九年問世以來，由於內容博大精深且顛覆傳統思維，常令人望之興嘆，覺得不易親近。當年，欲一窺書中堂奧的行者們，除了參加研習之外，大多有賴自己摸索，入門讀物實在寥寥可數。十餘年來，在若水老師以及早期行者的默默耕耘下，接觸乃至操練《奇蹟課程》此一法門的靈修人越來越多，輔助教材也相繼出現。其中，《愛的奇蹟課程》（以下稱為本書）是一本完整而有系統的導讀書籍。

本書最大的特色，是將原典《奇蹟課程》中的重要名相，像是：上主、聖靈、奇蹟、小我、療癒等概念逐項說明，並以深入淺出的方式予以介紹。在字裡行間，可以看出作者瑪莉安是經過了相當深的體會，才得以用奇蹟的觀點重新詮釋人間的經驗。

在第二部〈奇蹟的實踐〉中，作者更說明了如何將奇蹟理念用在人生的特定面向上，諸如：愛情、婚姻、金錢、工作以及身體等等，並提供了簡單、可操作的方法，像是與疾病互通書信等，給喜歡具體方法的讀者，可以有快速上手之感。

與一般導讀書較不同的是，本書除了說理，還多了心理建設的成分。對於《奇蹟課程》的初學者而言，能夠在其中找到打氣支持的力量，也為日後操練《奇蹟課程》時，必會面對的毫不留情的揭開小我的真面目，以及許多一針見血、直指要害的文字做準備。

本書談「愛」的篇幅相當多，談到小我的部分，作者通常以較為輕鬆的口氣描述，這將更能吸引讀者「願意上路」。猶如一位攀登過高山的旅人，對還在觀望中或已整裝待發的人，描述登山的過程、沿途的風光及到達山頂時眼下的風光美景，能夠讓即將起步者心生嚮往。即使也談到沿途的辛苦艱險、曾面對的恐懼，但是由於已經走過，也就不覺其苦，故能輕鬆以對。

對於已開始接觸《奇蹟課程》的學員，作者也本著過來人的身分，提醒學員一些修奇蹟可能產生的錯誤期待，例如：「完美的靈性世界和不完美的形相世界是並存的。永遠不要以為，靈性的生活和靈性的關係，就應該是一直保持在安靜或喜悅中的，那是一個狡猾的謬論。」在有些章節，作者也以自身的經驗為例，說明修練中容易落入的陷阱，像是：「我曾……很氣那些傷害過我的人。當時，我不僅未能認清自己的憤怒，並將它們釋放給上主，反而否認自己的憤怒。這是修習《奇蹟課程》時，常會落入的陷阱……如此一來，我們要不是攻擊自己，就是無意識地攻擊別人。」

在整本書中，作者十分誠實地坦露了自己操練《奇蹟課程》的過程，自我探索的心得以及心理治療的經驗。由其分享看來，她的體會已臻至相當火候。雖然已是全美知名的靈性導師，但仍謙稱自己剛剛才摸到《奇蹟課程》的邊，確實是一位真實而典型的資深奇蹟行者。

當然，本書仍無法替代《奇蹟課程》本身。然而，作為一本導讀書籍，本書以作者自己的經驗為《奇蹟課程》作了最好的見證與詮釋，說理很能保持《奇蹟課程》的原汁原味，甚至可以讓人淺嘗到奇蹟的滋味。這絕對是一本適合初學者乃至操練一段時間的學員，在回歸愛的路上，作為指引與陪伴的好書。

【新版前言】

就像其他書籍一樣，《愛的奇蹟課程》也擁有自己的生命。作者就如同母親一般，把孩子帶到這世上來，之後就看著孩子活出自己的生命。

到目前為止，這本書頗受好評。它對讀者造成的正面影響，讓我獲得無數褒獎。但由於我不是《奇蹟課程》的作者，只不過是一個詮釋它的人，所以我不會把《愛的奇蹟課程》的成就歸功於自己。無論是過去或現在，《奇蹟課程》的觀點都不斷對我的人生產生奇蹟般的影響。因此，我很能瞭解別人第一次遇見「奇蹟」時的興奮感。

如今，我已比當初寫這本書時更虛長了幾歲，在人生中，也體會過了更多不是愛的感受。我發現在當今的世界上，有那麼多人在抗拒愛，因此也比過去更加明白，每個人都必須徹底負起自己擁抱愛與表達愛的責任。怨尤對心靈（mind）有害，那就像癌症一樣，肆虐於我們的內在，而不是外在。怨尤隱身在恐懼背後的恐懼，會吞噬我們的人生，摧毀我們的心靈、身體、文化和國家。雖然外在的療癒，可以處理怨尤的惡果，但是，只有愛才擁有化解（undo）的能力。

我們必須化解恐懼。無論是國際間的戰爭或國內的災禍，引發這些恐懼的源頭都該被從根化解。這麼做不只是為了我們自己，更是為了下一代。因為孩子將繼承我們留下的一切，而我們能給未來世世代代最好的禮物，莫過於把上主交付的事做好——彼此相愛，讓世界更美好。

未經審視的恐懼，會如野草般蔓延滋長；而澆灌在我們心中的愛，則有驅除恐懼的能力。這能力，就是我們生命中本有的上主（God）的力量。如果《愛的奇蹟課程》能夠幫助人們經驗到這股大能，我會非常高興自己寫了這本書。願你享有奇蹟，擁有愛。

瑪莉安・威廉森　一九九六年一月

【作者序】

我與我的療癒旅程

我生長在一個猶太裔的中產階級家庭，家中有個老是異想天開的古怪父親。早在一九六五年，我十三歲的時候，他就為了讓我知道什麼是戰爭而把我帶去西貢（譯註：今胡志明市）。當時越戰正烈，他卻要我親眼看看彈孔長得什麼模樣。他說，不想讓媒體報導操控我的思想，他要我實地目睹其實戰爭沒傳言中那麼嚴重。

我的祖父是個很虔誠的猶太教徒。小時候，我會在星期六早上和他一起去猶太教堂。當約櫃（the ark）在儀式中被打開時，他會深深鞠躬，然後開始哭泣。我也會跟著哭，但我不知道自己為何而哭，是因為正在萌芽的宗教熱忱，還是因為看見祖父在哭。

就讀高中時，我修了畢生第一堂的哲學課。過沒多久，我就確定自己的人生不需要依靠上主。我心想，究竟是什麼樣的神，居然讓孩子餓肚子，讓人們罹患癌症，或允許大屠殺這樣的事發生。我原本是一個天真信仰著上主的孩子，但這個孩子現在卻變成了只會掉書袋的高中生。我於是寫了一封分手信給上主。雖然寫這封信的時候，心情非常沮喪，卻覺得自己非得這麼做不可。因為，我的學識已經淵博到無須再信靠祂。

念大學時，我從教授那裡學到許多課外知識。後來，我休學去種菜（現在已記不得曾種出過什麼東西來）。事實上，很多那些年發生的事，我都記不得了。我就像許多生活在六〇年代末、七〇年代初的年輕人一樣，活像一匹脫韁的野馬。傳統規範禁止我們涉入的每一道門，在我看來似乎都藏著一條通道，可以帶我通往亟需的歡愉之境。凡是聽起來很瘋狂的事，我都會想試，而且通常都會真的去做。

雖然父母一直拜託我做點**像樣的事**，但我始終不知道自己的人生該做什麼好。我不斷地換伴侶、換工作、換住處，一直在尋找認同感及人生的目標，尋找可以帶給我存在感的事物。我知道自己小有才華，但不清楚那是什麼樣的才華；我知道自己有點小聰明，卻不知道該怎麼把它用在自己的生活上。我去看過幾次心理醫生，我嗑過藥、和朋友瞎混，試遍各種把注意力從自己身上轉移開來的辦法。我一直想做一些像樣的事，但是，除了自編自導出種種空想戲碼之外，什麼事也沒有發生過。

那些年裡，我依稀覺得有一塊大石頭卡在我的腹部，裡面滿是自我憎恨的情緒。隨著年紀漸長，我的情況變得越來越糟。為了從痛苦中尋求解脫，我對東方哲學、西方哲學、神祕學的興趣日益濃厚。我涉獵過齊克果（Kierkegaard）、《易經》、存在主義、佛教思想、宣稱上帝已死的激進基督教神學等領域。我一直隱隱感覺到，所有事物都依循著某個神祕的秩序在運行著，儘管我從來不知道這個秩序會如何在我的生命裡起作用。

有一天，我和哥哥無所事事一起抽著大麻時，他坦誠對我說，大家一直都覺得我是個怪胎。他說：「你身上就好像染有某種病毒一樣。」我還記得，聽到這番話的剎那，有一種整個人要蹦出身體去的感受。我常感覺，人生好像一個私人招待所，除了我之外的所有人，都知道進門的暗號是什麼，單單我被排除在外。我覺得別人都握有一組我不知道的通關密碼，但我又不想去問他們，因為我不想讓別人知道我其實並不知道。

在我年紀輕輕，大約二十五歲左右的時候，我的人生就已經一團混亂了。我相信一定有人和我一樣，內心明明已經在垂死掙扎，卻無法啟齒或不願與人談起此事。我猜想，這其中一定存在著什麼非常重要，但人們卻不願面對的事。對此，我沒有確切的解答，只是很確定這世界忽視了一些很根本的事。為什麼大家會認為，玩一場「在世上揚名立萬」的笨遊戲，一場讓自己覺得窘迫，甚至不知道該怎麼玩才好的遊戲，會是我們降生來此的原因？

一九七七年的某一天，我在紐約的一家咖啡館裡，看見某個人的桌上放著一本燙了金字的藍皮書。我打開導言，裡面寫著：

> **這是闡釋奇蹟的課程。是一門必修的課程。只有投入時間的多少是隨意的。隨自己的意願並不表示你可以自訂課程。它只表示在某段時間內你可以選擇自己所要學習的。本課程的宗旨並非教你愛的真諦，因為那是無法傳授的。它旨在清除使你感受不到愛的那些障礙；而愛是你與生俱來的稟賦。** 1（編按：本書中此類數字標記，代表引自《奇蹟課程》之章句，出處章句代碼請見本書索引。）

對於這段文字，我記得當時若不是感覺它很傲慢，就是覺得很有意思。但是，繼續讀下去後，發現整本書中充滿了傳統基督教的用語，這一點立刻讓我敬謝不敏。雖然我在學校時上過基督教神學的課，但始終僅止於智性上的理解。那一刻，我感覺到一種強烈的壓迫感襲來，於是把書又放回桌上。

那天之後，我又過了一年亂糟糟的生活，直到再度拾起那本藍皮書。這時候的我，已經準備好要接受這部課程了。這一次，我沮喪到了極點，再也顧不得那些刺眼的用語了。隨後，我立刻明白《奇蹟課程》有很重要的東西要教我。它雖然使用傳統基督教詞彙，但它們的意義卻與傳統的解釋不太一樣。我就像大多數人一樣，在讀著之間，被《奇蹟課程》的內容所震懾。它回答了那些我原先認為無解的問題，還以道地的心理學術語闡述上主。它挑戰我的邏輯理智，卻絲毫不帶威脅感。這麼說或許有點老套，但我真的覺得有回到家的感覺。

《奇蹟課程》要傳遞的核心訊息，就是**放鬆**。我一開始聽到的時候，其實不太懂那是什麼意思，因為我總是把放鬆和放棄混為一談。長久以來，我一直在等某個人來教我如何打贏人生的仗，如何咬緊牙根奮鬥下去。但是，這本書居然要我徹底退出這個戰場，走另一條截然不同的路。我雖然覺得十分詫異，但也感到無比寬慰。畢竟打從很久以前，我就知道自己並不擅長人間的爭鬥。

對我來說，《奇蹟課程》絕對不只是另一本書。它是指引我人生方向的導師，為我能離開地獄指點出一條明路。一旦開始閱讀《奇蹟課程》，並依照當中的〈學員練習手冊〉來操練時，我馬上就感覺到，自己的內心出現了正面的轉變。我感覺到深層的幸福，覺得自己的心平靜了下來。我開始明白，為什麼人際關係總讓我痛苦不堪，為什麼不管我做什麼事都無法持久，以及為什麼我這麼討厭自己的身體。最重要的是，我開始意識到我可以扭轉這一切。《奇蹟課程》幫我釋放出內在充滿希望的能量，這些能量曾在以前的每一天裡，變得越來越黯淡，驅使著我走向自我毀滅。

一套三冊的《奇蹟課程》，是一個自我療癒的靈性自修課程。《奇蹟課程》從不自稱是上主的唯一代言人，它只是對不變的真理的眾多詮釋之一而已。真理只有一個，但詮釋真理的方式卻有很多。如果《奇蹟課程》這個法門適合你，你自然會瞭然於心。對我來說，《奇蹟課程》為我帶來智性、心理和靈性上的突破性進展，將我從可怕的情感創傷裡徹底解放出來。

我渴望擁有《奇蹟課程》裡所說「感受到愛」的經驗，因此，過去的五年來我很積極地研讀這部課程。正如我母親所形容的，我簡直「把《奇蹟課程》當成餐廳菜單一樣仔細來讀」。

一九八三年開始，我固定在洛杉磯小規模、定期地演講，分享自己修習《奇蹟課程》的心得。之後，來聽講的人越來越多。從那時候開始，我的聽眾在美國國內和國外迅速激增，這讓我有機會見識到《奇蹟課程》對全球讀者的強大影響力。

《愛的奇蹟課程》就是根據我自己修習《奇蹟課程》的心得所寫成的，我在書中簡單介紹了《奇蹟課程》的基本理念，並對如何將它應用於日常生活提供了一些建議。《愛的奇蹟課程》要談的是，如何把愛當成一種力量，並落實出來；如何把愛當成我們在日常生活裡遭遇困難時的解答，而不是一項弱點；以及，如何用愛的眼光來看待生活裡的疑難雜症。

這本書的目的在於，指引人們以愛的力量去療癒所有的創傷。不論我們的痛處在哪裡，也許是在人際關係、健康、職場或是在其他地方，愛都能帶來最強大的療癒力，以及提供最終極的解答。

美國人對哲學不那麼在行，但是在瞭解行動的理由之後，往往是最勇於採取行動的一群。當我們更深刻地瞭解到，為什麼愛是療癒世界的必要元素時，我們內在和外在的運作模式將隨之發生轉變。

我期盼這本書能幫上一些人的忙。我以敞開的心書寫這本書，希望你也能以敞開的心來閱讀它。

【導言】

從恐懼回歸於愛

我們是天生完美的。從誕生的那一刻起，就擁有了擁抱愛的天性，擁有了源源不絕的想像力和創造力，並知道如何善用這些天賦。和今日的我們相比，當時的我們仍和一個神奇的豐盛世界相連。

問題是，後來發生了什麼事？為什麼等我們長到一定的年紀之後，環顧四周，竟發現生活黯然無趣？因為我們被灌輸了違背生命本質的思想，被教導要去追求別的東西。我們習得了一種非常糟糕的價值觀，被迫用違背自己神聖本質的眼光去看世界。

我們被教導諸如此類的想法：競爭、奮鬥、疾病、資源有限、侷限、內疚、惡意、死亡、匱乏以及損失等等。於是，漸漸把成績要優異、表現要良好、要賺取金錢，以及要把事情做對等等，看得比愛來得更重要。我們被灌輸「自己和他人是隔閡的、對立的個體」、「必須要在競爭中勝過他人」，以及「我們現在還不夠好」等想法。我們一再被教導，要以別人的眼光看世界。彷彿我們一出生就被餵食了安眠藥一般，在才剛剛靠岸來到這世上時，就被迫放棄用愛的眼光看世界，並陷入充滿惡夢的昏睡。

愛是我們與生俱來的天性，恐懼則是後天學習來的。靈性的旅程即是放下恐懼，接受愛回到我們心中。愛是我們終極的真相（reality），也是我們活在這世上的目的。有意識地覺察到愛，並體驗到自己和別人心中的愛，就是我們人生的意義。

意義並不存在於事物的表象，意義只存在於我們心中。當我們賦予金錢、車子、房子和聲望的意義不是出於愛時，就是在愛著不能回愛我們的東西，也是企圖在根本沒有意義的東西裡尋找意義。金錢本身不具任何意義，物質本身也不具任何意義，它們無關好或不好，只是沒有意義也無關緊要。

我們來到世間，是為了和上主一同創造，把愛延伸出去。把生命浪費在愛以外的事物上，不僅毫無意義，也違背了我們的天性，讓人苦不堪言。這好比我們迷失在一個漆黑的平行世界裡，在那裡，外在事物喧賓奪主比人更受鍾愛。我們高估了感官知覺到的有形之物，卻低估了自己內心深知真實的那些東西。

愛不能用眼睛去看或用耳朵去聽，感官知覺不到真正的愛。人們必須靠著慧見（vision），才能察覺到愛。形上學把慧見又稱為「第三眼」（the Third Eye）；祕傳基督教派（esoteric Christians）稱之為「聖靈（the Holy Spirit）的慧見」；也有人稱它為「高我」（the Higher Self）。不論我們如何稱呼它，愛都需要我們用另一種方式去「看」，用不同的方式去瞭解或思考。愛是我們內心本能的真知（knowledge），是我們暗自渴望的「超乎世界的天家」（world beyond）。我們對於愛的古老記憶，不斷縈繞在心頭，召喚著你我重回它的懷抱。

愛不是物質，是一種能量。愛是我們在某個人心中的感覺。金錢買不到愛，性也保證不了愛的存在，愛和有形世界一點關係也沒有。儘管如此，我們還是可以經驗到愛。仁慈、給予、寬容、憐憫、和平、喜悅、接納、不批判、融合及親密等等，都是我們對愛的體驗。

我們若缺乏愛，就會生出恐懼。恐懼是個人與集體人類的地獄，像是一個囚禁我們的牢籠，試圖證明愛不具絲毫的意義。當我們落入恐懼時，就會表現出因恐懼而生的憤怒、折磨、疾病、痛苦、貪婪、成癮、自私、沉迷、墮落、暴力和鬥爭。

愛永遠存在我們心中，它不會被摧毀，只會被隱藏。我們誕生時所知曉的那個豐盛世界，依然存在我們的腦海裡。我曾經讀過一本小說，叫作《亞法隆迷霧》（*The Mist of Avalon*），它是一個以亞瑟王為藍本的魔幻故事。亞法隆是一座魔法島嶼，隱身在濃不可見的迷霧裡。除非大霧散去，否則人們無法航至那座島。但是，除非人們相信島嶼真的存在，否則大霧將永遠不會散去。

亞法隆象徵著我們肉眼看不見的另一個世界，那裡有許多神奇的事物，是每個人小時候都知道的神奇世界。赤子般的純真才是我們最真實的樣貌，而凡真實的必不會消失。真理並不會因為我們不去尋找，就不再是真理了。那看似不在的愛，只不過是暫時被心中的迷霧籠罩住了而已。

亞法隆象徵著一個美好的世界。在那裡，我們依舊和自己的溫柔、純真和靈性深深相繫。其實，那個充滿愛、希望、信心的神奇世界，和我們現在看見的是同一個世界。我們很容易就能找回這個世界的，只要我們選擇對它保持覺察；只要我們相信亞法隆就在迷霧背後，這場大霧就一定能夠散去。

所謂的奇蹟，指的就是迷霧散去，就是我們知見（perception）的轉變，使我們能夠重歸於愛。

第一部

奇蹟的理念

第一章 地獄

這個世界能夠變得無比可愛，無所不容，
與天堂只有一步之隔，地獄在此無法立足。[1]

黑暗

黑暗的旅程是如此漫長而無情，你已經陷得太深了。2

我們這一代人的問題是，永遠長不大。我們的問題不在於迷失或對人冷漠，也不在於自戀或戀物，而是我們都活在恐懼之中。

很多人都心知肚明自己有哪些成功的條件，像是外貌、教育程度、才能和經歷等等，但是儘管如此，生活中仍常有揮之不去的無力感。真正讓人們停滯不前的，不是外在的事物，而是我們內在的恐懼。那是一種內在的自我設限。政府、飢餓或貧窮並不能攔阻我們往前，我們也不用擔心會被遣送去西伯利亞，但是，我們就是沒來由地害怕。恐懼無所不在。我們害怕某一段關係是錯的，也害怕那段關係是對的；害怕別人不喜歡我們，也害怕他們太喜歡我們；害怕失敗，也害怕成功；害怕英年早逝，也害怕年華不再。比起死亡，我們其實更害怕活著。

你也許以為，看在所有人都是天涯淪落人的份上，我們對自己會稍微同情一點，但事實並非如此。我們就是看自己不順眼，總覺得應該要表現得比現在更好。有時候，我們會誤以為別人不像我們有那麼多的恐懼，而變得更加害怕起來。我們會以為，也許別人比我們多知道一些什麼，或者我們根本就是少了一對染色體的怪胎，所以與人格格不入。

近幾年來，人們習慣把一切都怪罪到父母頭上，認為父母是讓我們自信心低落的罪魁禍首——要是當時父母能有所不同，今天的我就會更懂得愛自己了。但是，若仔細想想父母對待我們的方式，就會發現他們曾施加的責罰，比起我們今天對自己所做的來得溫和多了。的確，你的母親也許不斷地對你說：「親愛的，你永遠也達不到那個水準。」但是，如今的你卻對自己說：「你這個笨蛋，你永遠也做不好！你搞砸了，我恨你！」你的父母也許嚴苛，但你卻更不放過自己。

我們這一代，已經全然陷入自我憎恨的漩渦裡，而且不斷地（甚至是拚命地）想藉由自我成長或逃避從漩渦裡掙脫出來。我們總認為，也許這個學位、這份工作、這場座談會、這個治療師、這段關係、這次減肥或這個計畫，能讓我們得以解脫。然而，比較常見的結果是，解藥的療效永遠不夠，而身上的枷鎖卻變得越來越沉、越來越緊。人生的肥皂劇都是一個樣兒，差別只不過是劇碼會在不同城市、不同人身上上演而已。於是，我們開始明白，也許真正的問題出在自己身上，但是又束手無策，因為能力不足以讓我們管好自己。我們四處搞破壞，把一切都搞砸，像是事業、人際關係，甚至是我們的孩子，然後我們變得酗酒、嗑藥、充滿控制欲、執著、依賴、暴食、遮遮掩掩、攻擊別人。一個人患上哪一種功能失調（dysfunction）並不是重點，反正我們總能找到各種方式，展現出對自己的深惡痛絕。

我們終究會把對自己的痛恨表達出來，往某個地方宣洩情緒，何況自我憎恨是一種非常強烈的負面情緒。這種情緒若往內宣洩，就會打造出一座個人化的地獄，例如成癮症、強迫症、憂鬱症、暴力的人際關係，或是身體疾病；如果往外宣洩，便會造出一座集體地獄，像是暴行、戰爭、罪禍、迫害。無論如何，這些事的內涵都相同，只不過形式不同罷了，就像地獄有好幾層一樣。

還記得很多年前，我的腦海裡浮現一幅讓我驚駭的畫面。我看見一個原本笑容甜美、天真的小女孩，身穿一件純白棉紗製的圍裙，靠在一面牆上不住地尖叫。一個邪惡又瘋狂的女人正手持利刃，不斷刺著小女孩的心。我猜，這兩個角色都是我自己的投射，她們是存在於我心中的兩股力量。隨著日子一天天過去，我越來越害怕那個持刀的女人，但她卻在我的內在世界越發活躍，而且完全不受控制。我覺得，她想要奪走我的命。

在最絕望的時候，我找了很多方法想從一個人的地獄裡掙脫出來。我讀了一些書，裡面談到心智如何創造經驗，以及大腦如何像一台電腦一樣，我們給它什麼思想，就會生出什麼經驗來。我讀到一些觀念，例如「想著成功，你就會成功」或「如果你認為自己會失敗，你就會失敗」。但是，無論我多麼努力地改變自己，還是不斷跌回那些讓我痛苦不堪的想法裡。

我確實有過暫時性的突破，例如努力保持正面的心態，讓自己振作起來，然後認識一個新的對象，或是換一份新的工作。然而，後來我總會再回到自我毀滅的模式中。結果是，我在男人面前再次變成一個賤貨，或再度把工作給搞砸。我會一下子暴瘦十磅（譯註：約四點五公斤），但沒多久又復胖回來，然後再拿「你看起來不正」的罪名嚇唬自己。

我不僅害怕男人沒注意到我，更怕他們太注意我。不斷把事情搞砸的殺傷力很強，而且整個過程完全不受控制。當然，我可以改變我的想法，但也只能短暫地維持。當我說「神呀，我搞砸了」的時候，已經夠絕望了，但更令人絕望的是說「神呀，我又搞砸了」。

那些讓我痛苦的念頭，正是我的心魔，它們總是潛伏在暗處。我接受過一些心理治療，對自己的神經衰弱相當瞭解，卻依然揮之不去。那些心魔不但沒有離我而去，反而還變得更加狡猾。我可以很清楚地向治療師指出自己的問題在哪裡，然後他們會說：「很好，你認清了自己的行為模式，所以你不會再那麼做了。」

但是天哪，他們都錯了，我會再犯的！我之所以承認自己的模式，只不過是在轉移別人的注意力。然後很快地，我自然而然就會繼續橫衝直撞，或做出另一番駭人之舉。除非讓我把局面徹底搞砸，否則沒有人阻止得了我，起碼我就完全無法阻止自己。我會脫口而出一些難聽的話，把男人逼走或打我，讓老闆開除我，甚至是引發其他更糟的狀況。在那些日子裡，我從沒想過去祈求奇蹟的發生。

首先，我根本不知道奇蹟是什麼。我把奇蹟歸類為虛無縹緲的、神祕的、宗教之類的鬼扯淡。在還沒修習《奇蹟課程》之前，我從不知道，請求奇蹟發生是那樣一件再合理不過的事。我也不知道所謂奇蹟，指的不過是「知見」（perception）的轉變。

我曾經參加過一個戒酒團體，人們在那裡請求神除去他們想喝酒的欲望。我沒有任何特定的成癮行為，讓我受苦的從來不是酒癮或毒癮，而是我的性格，是我頭腦裡那個歇斯底里的女人。負面心態對我造成的傷害，猶如酒精之於酒鬼一樣。我非常擅於揪出自己的要害，就好像我一直很沉溺在自己的痛苦裡一樣。像我這樣的人，能否請求神的協助？

我和其他有成癮症的人一樣，當時想的是，也許有一個比我更強大的力量，可以幫我翻轉這一切。因為，我的聰明才智和意志力，顯然已經無法應付了。例如，即使我知道自己三歲時究竟發生過什麼事，也不足以讓我得到釋放。我心裡知道，一直困擾著我的問題，也許有一天會煙消雲散，但我的狀況就是逐年惡化。我沒有在情緒上發展出該有的成熟度，這一點我內心很清楚。

不知怎地，在我腦袋深處的某個地方，好像有神經打結了。就像那些和我同屬一個世代、同屬一個文化的人一樣，我的人生從很久以前就脫序了。從某個角度上來說，我們其實一直沒有長大。我們擁有歷史上為時最久的後青春期，就像一個情感受創的人，需要退回幾步才能繼續往前走。而在這療傷的過程中，我們需要學習一些很基本的事。

對我來說，不論曾經陷入怎樣的水深火熱中，我一直認為可以把自己拉出泥沼，因為我夠聰明伶俐、夠有天分、夠精明。要是連這些都起不了作用的話，我起碼還可以打電話回家，跟我父親要錢。但是，我最後惹上的麻煩實在太多了，多到我必須尋求更高存在的協助，才可能振作起來。

當時在戒酒團體裡，我不斷聽見一個聲音告訴我說，有一個比我更大的大能，可以做到我做不到的事。我已經無計可施，也無人可求助了。後來，我的恐懼感變得更重，重到有一天我自然而然脫口而出說：「上主，請幫幫我吧！」

光明

光明一直在你自己內。3

在邀請上主進入我的生命中之後，我歷經了一些戲劇化的轉變。一開始，我非常驚恐，但稍後便放下害怕的念頭了。

在那之後，我原本以為事情會漸入佳境，但事情的發展卻不如預期。我以為我的人生好比一棟房子，上主會將它好好裝修一番，祂也許會替我換個新的百葉窗，換個漂亮的門廊或新的屋頂。但是事與願違，我的感覺反而是，一旦我把房子交給上主，祂就會直接用大鐵球把屋子都砸毀。上主似乎在對我說：「抱歉，親愛的，房子的地基有問題，更別說屋裡有一堆老鼠了。我想我們最好重新來過。」

我在一些書上看過，臣服（surrender）於上主的人會感受到一股很深的平安（peace），那份平安就像斗篷一樣披掛在他們的肩膀上。我確實有過那種經驗，但只維持了一分鐘或半分鐘。之後，我發現自己又故態復萌了。不過，這些都沒有讓我對上主失去信心，反而讓我更敬重祂的智慧，因為祂似乎比我想像得更瞭解我的狀況。我想，如果我是上主，我也會讓瑪莉安覺得自己已經窮途末路了。我對上主的感激，遠超過怨忿，因為我是那麼迫切地需要幫助。

我們通常得先經歷相當程度的絕望，才會準備好接受上主。在我的雙膝還沒完全跪地之前，我並沒有嚴肅看待過靈性臣服這件事。當時我的生活混亂至極，就算是天兵天將出手相助，恐怕也無法讓瑪莉安恢復正常。我腦袋裡那個歇斯底里的女人正怒火中燒，而那無辜的小女孩則被逼到了牆角。於是，我崩潰了。我越過了那一條所謂「雖然痛苦但仍然能正常生活」的臨界線，掉進一個毫無希望的世界裡——人們口中常說的精神崩潰（nervous breakdown）。

人們總是嚴重低估精神崩潰的價值，不明白它其實是通往靈性轉化的途徑。我看過有人雖然歷經過許多年復一年的小崩潰，但是那些小崩潰最後都會戛然而止，未能觸及轉化的臨界點。我想，我能遇上那個瓶頸還真是幸運。我從精神崩潰的經驗裡所學到的，讓我永生難忘。如今，我把如此痛苦的經驗，看成是邁向快樂人生的一大步，而且是必要的一步。

有一件事，我一直謹記在心，就是「靠自己，我什麼也無法成就」。除非有一天，你能清楚地明白這一點，否則你仍會繼續耍弄那些老招數。雖然這些招數從沒成功過，但你總認為也許這一次它們可以奏效。一旦你受夠了，真的再也玩不下去了，才會認真思考——或許還有其他更好的辦法。就在這一刻，你的腦袋轟然打開，上主才終於得其門而入。

在過去的那些年裡，我覺得自己的頭殼好像炸開了一樣，有成千上萬的小碎片被炸飛到外太空去，然後，又開始用非常緩慢的速度，重新黏合在一起。當我那激情的腦被炸得粉碎後，好像又會自動重組，一切就好像我動過什麼靈性手術一樣，讓我覺得自己變得煥然一新。

世上還有很多人，也覺得自己的腦袋好像因為某種原因而炸開了，他們還大方地和朋友分享這件事。在今天，這種過程不算罕見。現代人經常在社會、生理、心理和情緒上遭逢打擊，但打擊並非壞事，從某個角度來看，反而是好事一樁。除非我們最終能全然地臣服於上主，否則仍然是在人間裡玩遊戲。而且，在某個程度上，我們之所以害怕，是因為我們知道自己只不過是在玩遊戲。臣服的那一刻，並不是我們生命的盡頭，而是生命的新開始。

我們必須明白，從發現生命之光的那一刻（也就是我們呼喚上主的那一瞬間）起，隨之而來的就是天堂。你已經開始了向上攀爬的過程，你明白自己再也不會像從前一樣，不斷在山腳下兜圈子，心裡嚮往著山頂卻不知道該怎麼抵達。對許多人來說，人生一定要走到絕處才能逢生。只有當我們真的跌落谷底，讓人振奮的解脫才會出現。這時，你總算明白，宇宙間確實有比你更偉大的力量存在，它可以做到你無法做到的事。就在這一瞬間，你找到了自己最後的依靠。

這是多麼諷刺的事啊！我們花上一輩子的時間，不願相信這世上有一個比我們更大的智慧。但是，當我們明白它千真萬確存在的時候，卻在瞬間如釋重負。就在這一刻，我們放下自己不願求助的傲慢。

這就是所謂「臣服於上主」的意義。

第二章

上主

你活在上主內。[1]

上主的愛堅若磐石

上主無時無刻，無所不在。2

在我以往的人生裡，曾經有過好幾次，覺得彷彿被鋪天蓋地的沮喪襲擊。雖然現在的我，偶爾還是會有這種感覺，但已不常發生。我想，這種感覺之所以出現，可能是因為有些事情的發展不如我的預期，或是和某個人起了衝突，要不就是害怕某件事會發生或不會發生。當這些難以承受的時刻來臨，我們的心智就會開始尋找逃避痛苦的方法。

我從《奇蹟課程》裡學到的是，我們真正在尋找的轉變，其實就藏在我們的腦袋裡。世事總是變幻不定，人們也許今天喜歡你，但隔天就把你當成箭靶；事情也許今天進行得很順利，但隔天就變得一團亂；你也許今天覺得自己很棒，但隔天就覺得自己是個徹底的輸家。人生總是起伏不定，這是人類經驗裡必然且無法改變的部分。然而，我們能改變的，是自己對無常的理解，能夠改變我們的知見就是奇蹟。《聖經》裡有一個故事說，耶穌告訴我們，我們可以把房子蓋在沙堆上，或是蓋在磐石上。在這裡，房子是指我們情緒的穩定度。當我們把房子蓋在沙堆上，暴風雨一來便可能崩解，例如一通讓人沮喪的電話，就可以讓我們精神崩潰一樣。

但如果我們把房子蓋在磐石上，就會牢靠穩固，即使暴風雨來了也無法撼動分毫。如此，我們生命中那些來來去去的戲碼，再也不能輕易擊倒我們。比起變幻莫測的天氣，我們的穩定度是建立在更恆久、更堅強的事物之上，因為我們信靠上主。過去我從來不明白，信靠上主就是信靠「愛」。我曾經聽說過上主是愛，但是對我來說，這個說法從來不具任何意義。

當我開始研讀《奇蹟課程》時，我發現以下事理：上主是我們內在的愛。我們是否願意「跟隨祂」，或帶著愛去思考，完全由我們自己選擇。當我們選擇愛，或允許我們的心靈和上主合一，人生便會平靜。當我們遠離愛的時候，痛苦便會到來。

不論我們選擇愛，或選擇封閉我們的心、拒絕愛，我們都必須意識到，這些都是我們每一天、每一刻，自己內心所作的抉擇。

上主是愛

愛無意征服任何東西，它只會使萬物回歸本然。[3]

嚴格說來，「愛」是觀看世界本質的一種方式，這和蔚為世界主流的心理學觀點有所不同。這個對愛的定義，是極其顛覆的。

對許多人而言，上主是一個令人生畏的概念。如果我們認為上主是某個外在的力量，或認為祂是變幻莫測的，甚至很喜歡審判人類，那麼請求祂的協助似乎會讓我們覺得很不自在。但其實上主是愛，祂依照自己的肖像創造我們，我們是祂愛的延伸，這就是我們被稱為「上主之子」（the Sons of God）的原因。

人們總認為，是我們創造出上主，殊不知其實是祂創造了我們。《奇蹟課程》說，我們和上主之間存在「主權問題」。出於傲慢的緣故，我們以為自己先造了自己，然後才造出上主，不願接受我們其實是上主所造的愛的生命。由於**我們**易怒又喜歡批判別人，所以我們就把這些特質投射在上主身上，把祂想成那樣。換句話說，是我們照著**自己**的形象，創造出上主。

但即使我們這樣想，上主依然是上主，祂還是祂原來的模樣——無條件的愛。上主不可能對我們生氣或審判任何人，因為祂就是慈愛、平安和全然的接納本身。問題的癥結在於，我們忘了這一點，我們忘了自己的真相。

我開始瞭解到，若能認真看待什麼是愛，我的想法將會產生徹底的轉變。《奇蹟課程》自許是一個「鍛鍊心靈」的課程，用意在於消解人們出於恐懼的思想體系，並接納出於愛的思想體系。修習《奇蹟課程》已超過十年以上的我，也才剛開始能感受到，自己的心靈是否與神聖的知見（holy perception）諧和一致。我絕不會假裝說，自己在任何處境中，已能隨時保持慈愛的態度。但有一點，我很確定，就是每當我這麼做時，生活就會順遂無比；每當我不這麼做時，事情就會僵在那裡。

我們必須放下自己舊有的思考模式，才能純然地去愛。對大多數人來說，臣服是一件相當困難的事，因為我們相信，臣服等於舉白旗認輸。人們往往認為，只有在吃了敗仗之後，才不得已只好臣服。靈性的臣服雖然是被動的，卻一點都不軟弱。相反地，靈性的臣服具有強大的力量，能制衡我們的衝動。衝動不是不好，有時候那甚至是我們創造力的來源，它只是需要愛的緩衝，讓它轉為促進和諧而非引發暴力的原動力。在我們的心靈還沒妄造出這個世界之前，那與上主分裂的心靈，就已經遺忘了自己原本是愛。少了愛，我們的行為變得橫衝直撞、歇斯底里；少了愛，我們的行為缺乏智慧。

臣服於上主，指的就是放下一切罣礙，敞開自己的心去愛。當我們宣告「無論面臨什麼處境，愛都是我的最高指導原則」時，就是在落實上主的大能。這可不是什麼文學比喻，事實就是如此。我們可以透過自己的心靈，和上主一同創造。透過內心的抉擇，有意識地覺知愛並體驗愛來「召喚更高的力量」。所謂「讓比我們更偉大的力量，引導我們的人生」，指的是擱置自己舊有的思考模式，允許另一套截然不同，卻溫和無比的模式來取代它。

當我們瞭解到，上主就是無條件的愛，便會明白所謂「跟隨上主」，只不過是以愛為準來做所有的決定。若是如此，接下來我們面對的問題是，愛到底值不值得我們跟隨？換句話說，我們的問題不再是「上主是什麼」，而是「愛是什麼」。

愛是一種能量，我們雖然無法證明它的存在，卻可以感受到它的存在。只有極少數的人，能經驗到真正的愛。因為在某個程度上，這世界已經變成一個沒有愛的地方，我們很難想像，一個遍滿愛的世界長得什麼模樣。在那樣的世界中，戰爭不存在，因為人與人間不會起爭執；飢荒也不存在，因為人們會彼此扶持。在那樣的世界中，不再有破壞環境的人，人們彼此相愛，愛孩子也愛地球，沒有人忍心摧毀大地；在那樣的世界中，任何一種偏見、壓迫或暴力都不存在；在那樣的世界中，沒有悲傷，只有平安。

世界上大部分的人，都有暴力傾向，儘管人們對此不一定有自知之明。暴力未必都是肢體上的，還有情緒上的。我們都在同一個世界中長大，而在這世界上，從來沒有人教導我們要把愛擺在第一要位。一旦愛缺席，恐懼就會趁虛而入。恐懼之於愛，就像黑暗之於光明。愛是我們賴以生存所必需的，缺乏愛恐怖至極。沒有愛的地方，猶如地獄。

嬰兒若沒有受到妥善的照顧，就會生病，甚至夭折。全世界都知道，孩子多麼需要愛。問題是，我們認為人長大到幾歲以後，就不再需要愛了呢？事實上，不論我們活到幾歲，永遠都需要愛。我們需要愛才能幸福，這一點和我們需要氧氣才能存活的道理一模一樣。

只有愛是真實的

恐懼不是上主的創作。它是你的傑作。4

這世界的問題在於，我們像是離家出走的小孩，遠離了上主，遠離了愛。《奇蹟課程》說，人類和上主的分裂早在百千萬劫以前就發生了。然而重點在於，那分裂只是一個念頭，其實根本就不存在（這也是課程的立論核心）。《奇蹟課程》的導言寫到：

本課程可以簡單地歸納為下面這幾句話：
凡是真實的，不受任何威脅；
凡是不真實的，根本不存在。
上主的平安即在其中。5

這段話意味著：

1、愛是真實的，愛是永恆的造化，沒有任何事物能夠摧毀它。
2、一切不是愛的事物，都是幻相。

3、記住這些，你將置身平安之中。

《奇蹟課程》說，只有愛才是真實的，「**與愛相對的是恐懼；但無所不容之境是沒有對立的。**」[6]當我們出於愛的角度來思考事情，就是和上主一同創造。既然只有愛是真實的，當我們的想法並非出於愛的時候，等於只是在妄想而已。整個娑婆世界，就是一個龐大的錯覺妄想。在其中，恐懼看起來比愛更真實，但那其實是一個虛妄的幻相。

我們的瘋狂、偏執、焦慮和創傷，都是自己**想像**出來的。這意思並不是說，對我們這副血肉之軀而言，我們所遭遇的一切都不存在。幻相確實都存在，然而恐懼不是我們的真相，恐懼無法取代我們的本來面目。愛才是我們的真面目，它永遠不會消失，只不過被掩蓋住了而已。《奇蹟課程》教導我們，恐懼如同一場惡夢。我們的心靈好似分裂成兩個部分，其中之一仍然和愛相連，另一部分則落入恐懼。恐懼會製造出某個類似平行宇宙的空間，在那裡，不真實的看來逼真，而真實的反而看似不真實。

唯有愛，能夠驅除罪咎（sin）與恐懼，就如同光明能夠驅散黑暗一樣。從恐懼轉向愛，就是奇蹟。愛不會試圖解決問題的表象，它永遠切中問題的根源，也就是我們的深層意識。問題的根源是「缺乏愛」，如果不深入處理這個問題，反而忙於處理問題的表象，將只能收到暫時的效果。這樣的話，我們就只是在「處置」問題，而不是「解決」問題；只是在處置「病症」，而不是在解決「病因」。

我們的思想就像電腦的程式設定，這些設定會影響我們人生螢幕上出現的東西。如果你不喜歡螢幕上出現的東西，就要去改變程式設定才行，只是從螢幕上暫時移除那些東西，並不能根本解決問題。思想是因，經驗是果。如果你不喜歡你生命裡的果，需要改變的是你思考的方式。

你心中的愛，會造就你生活中的愛，這就是天堂的意義；而你心中的恐懼，也會造就你生活中的恐懼，這就是地獄的意義。

如果能夠改變自己對生命的想法，經驗生命的方式就會境隨心轉。當我們說：「上主，請把我從地獄裡解救出來吧！」其實意思是說：「上主，請把我從我那可怕的思想裡解救出來吧！」人的心靈是上主的聖壇，所謂「褻瀆聖壇」即是意指，我們任由自己的心靈被缺乏愛的想法所填滿。

夏娃在吃下「知識善惡樹的果實」之前，一直都和亞當過著快樂的生活。這意思是說，在亞當和夏娃封閉自己的心之前，他們的生活一直都是圓滿無缺的。在他們封閉自己的心之後，便開始會說：「你這樣做，我就愛你；你不做，我就不愛你。」或是說：「我接受你的這個部分，但我不接受你的那個部分。」把心封閉，會破壞我們的平安，因為那樣做違背了我們的生命本質。那會箍緊我們，把我們變成原本不是的樣子。

佛洛依德把精神官能症（neurosis）定義成「和自我（self）的分裂」，而把心封閉的狀態正是如此。我們內在的愛，才是我們真實的面目。我們是「上主之子」，而那個被恐懼擄獲的自己只是一個冒牌貨。回歸於愛，是一趟壯闊的旅程，是從虛假自我返回真實自我的旅程，我們會從痛苦回到內在的平安。

過程大概是這樣：我身陷在一個混亂的處境中，然後憶起自己唯一需要的是「奇蹟」，也就是「知見的轉變」（a shift in perception）。於是，祈禱說：「上主，請祢幫幫我，請治癒我的心靈。不論我的思想多麼遠離愛，不管我曾經為達目的，變成了怎樣一個充滿控制欲、善於操控、貪婪或野心勃勃的人，我現在都願意用不同的角度來看待事物。阿門。」

宇宙會聆聽我的禱告，然後「叮」的一聲，我立刻就得到了我要的奇蹟——親密關係轉變了，情況獲得了療癒。但是之後，我可能又會重蹈覆轍，回到出於恐懼的思考，然後又再次跪下來禱告，再三重複一樣的模式。我讓自己陷入崩潰的情緒之中，然後再度跪地禱告，再次請求上主的協助，讓我回到神智清明和平靜的狀態。

在歷經不斷重複的戲碼之後，我最後告訴自己：「瑪莉安，下次當你又跪下禱告時，何不就**留在**平安的狀態裡？」何不就待在終極的解答中，不要再掉回問題的窠臼裡去？何不選擇徹底的覺醒，不要再一直替自己**製造**這些麻煩了？讓我們不再只是祈求一個新的工作、一段新的關係，或一個新的身體！讓我們開始祈求一個新的世界和新的人生！

在全然的臣服中，我才真正明白了什麼叫作謙卑。那時的我，把一切都搞砸了，幾乎是等著要領受上主的憤怒和輕蔑，但我似乎聽到一個溫柔的聲音對我說：「從現在起，我們可以開始療癒了嗎？」直到這一刻來臨前，我一直在迴避自己的愛，極度抗拒自己的人生。一旦我們下定決心重返愛的懷抱，生命的旅程才正要開始，而不是結束，那是我們回到自己本來面貌的必經過程。

第三章 你

上主對你的聖念，
有如鑲在永恆穹蒼的恆星，千古不滅。[1]

完美的你

容我再重複一次，你的所行、所思、所願或所造，都不足以評定你的價值。2

你是上主之子，在一道炫目的光芒中被創造出來；你是上主在愛中推恩（extend）祂自己時，所懷的第一個念頭。自此之後，你為自己添加的任何東西，都一無所用。

有人曾問過米開朗基羅，他如何雕塑出偉大的雕像。米開朗基羅回答說，他並不是去雕出那些雕像，而是看出本身已經存在於大理石中的雕像。上主早已在大理石中創造出聖母慟子像、大衛像以及摩西像，當米開朗基羅看出上主的偉大創造，他的工作只是把包覆在上主作品外面多餘的大理石刨除而已。

你也是如此。你無須打造一個完美的自己，因為上主早已創造了完美的你。所謂「完美的你」，指的是你內心的愛。你唯一要做的，是允許聖靈把那包覆在完美的你外圍的恐懼思想，統統刨除掉。因為充滿恐懼的思想，就像是包裹住米開朗基羅傑作的石頭。

要記著，你是上主的一部分，上主愛你，你是值得被愛的。這並不是教你傲慢，而是教你謙卑。如果你認為自己不是愛，而是愛以外的其他東西，那才是真正的傲慢。因為，那表示你不承認是上主創造了你。

愛是恆常不變的，你也一樣是恆常不變的。你在過去和未來的一切作為，都玷污不了上主眼中那個完美的你。在上主的眼中，你之所以值得被愛，不是因為「你做了什麼」，而是因為「你是誰」。你做或不做什麼，也許反映了你的成長背景，卻不能定奪你的根本價值。這就是為什麼上主完全認可、接受本然的你。上主沒有不喜歡你的道理，因為祂是在愛裡創造了你，而不是在罪咎裡創造了你。

神聖的心靈

上主親自照亮了你的心靈，並以祂自己的光輝維繫你的心光不滅，因為祂的光輝正是你心靈的本來真相。3

心理學家榮格曾提出「集體潛意識」的概念，意思是指一種人們與生俱來、涵蓋所有思考形式的心理結構。簡單來說，如果你夠深入自己和他人的心靈，將會發現人們在某一層次上是共享同一個心念（mind）的。對此，《奇蹟課程》更進一步地說，如果你夠深入自己和別人的心靈，將看出我們根本擁有**同一個心靈**。

所謂神聖的或「基督」之心，指的就是在你我的最深處，我們不只是「相似」的生命，根本就是「同一個」生命。所謂「上主只有一個獨生子」，不是指某個人才是上主的獨子，而我們其他人都不是。它的意思是說，我們全都是上主之子，因為我們是一體的。

就像是車輪的輪軸，全都從同一個軸心輻射出去一樣，如果你根據自己的輪軸位置來界定他人，你我乍看之下就成了相互有別、彼此分離的個體。但是，如果你從大家共有的起始點或源頭（也就是軸心）去看，我們就成為一體。如果你真的深入自己和別人的心靈，便會看到同一幅畫像——在每個心靈的最深處，我們都是愛。

「基督」這個用語所指涉的，其實是一種心理狀態，沒有任何宗教可以壟斷它，壟斷真理（truth）。基督是神聖之愛的根本內涵，而神聖之愛是人類心靈的核心和本質所在。

在某個人心中的愛，就是在所有人心中的愛，你不可能在上主停止愛的地方開始愛，因為那樣的地方根本不存在。世上沒有你在某處停止愛，而我從那裡接手愛這種事。愛是一種無限擴展的能量，你的愛會擴展到我和其他人的心靈中，你的愛不會只停留在你的身體裡。

《奇蹟課程》把我們比喻成太陽的「光芒」，而身為光芒的我們，卻以為自己和太陽是分離的；也把我們比喻成是海面的「波浪」，身為波浪的我們，卻以為自己和海是分離的。光芒和太陽是一體不分的，海浪和海也是，而我們和其他人也一樣地一體不分。我們都是浩瀚的愛，是不可分割的神聖心靈的一部分。「我們是誰」這真相永遠不會改變，我們只不過忘記自己是誰罷了，所以才會認同自己是渺小和分裂的個體，而非無限和圓滿的整體。

真實的你，不是你所想的那樣。你不是你的成績，你不是你的文憑、證照，你不是你的履歷表，你也不是你的房地資產。這些事物完全不能說明你是誰！光是想到這一點，難道你不覺得開心嗎？我們都是神聖的存有（holy being），是基督身體裡的各個細胞。《奇蹟課程》提醒我們，太陽一直不斷地散發光芒，而大海永遠波瀾壯闊，它們從不擔心自己身上的任何一部分會忘了自己是誰。我們也一樣，我們都是上主所創造的、一體不分的愛。

「接受基督」意味著自我知見（self-perception）的轉變，我們從夢境（以為自己是有限的、孤立的生命）中覺醒，意識到自己是光明的、無限的、具有創造性的靈性（spirits）。換句話說，我們從以為自己很渺小的夢境裡醒過來，接受宇宙的力量就在我們心中。

好幾年前，我才瞭解到，我之所以能夠分毫不差地把自己碰過的東西、到過的地方都搞砸，是因為我有很大的能耐。於是我心想，一定有其他方式，可以讓我把這股力量發揮到正途上，像是把它用於治療我的精神官能症上。今日人們最常見的療癒傾向是，不斷對黑暗進行心理分析，卻不直接擁抱光明。人們認為，只要聚焦在瞭解精神官能症的起源和運作動力上，就能醫好精神官能症。然而，東方宗教卻告訴我們，要是能直接走向神，一切不真實之物自會從身上剝落。當我們擁抱光明，黑暗自會消失得無影無蹤。

擁抱基督，就是擁抱那隱藏在我們內心的善，讓它得以落實和顯化。我們擁抱什麼，人生就會顯化出什麼。不論對個人或社會而言，若人們不斷把注意力放在分析黑暗上，只會更深地被吸進黑暗裡去；相反地，若把注意力放在光明上，就會走向光明。

「我接受我內在的基督」意味著，我接受自己內在的美好，它才是我真實的樣貌。我不是我的軟弱，我不是我的憤怒，我不是我那狹隘的心胸；真實的我，遠超過這些幻相，我願意時時記著真實的自己。

小我

小我其實就是那個充滿恐懼的念頭。4

我們還小的時候，大人總教我們要當個「好」孩子。這說法隱含的意涵是，我們原本不是好孩子。我們被教育成，只有當你把房間收拾乾淨，或得到亮眼的成績時，才是好孩子。大人絕少會說，我們在**本質上**就是好的，然後給予我們無條件的認可。所以，我們誤以為自己的價值在於**做**了什麼，而不是我們是誰。這並不是說，養育我們的人都很功利，因為他們也是這樣被教育的。事實上，正是那些最愛我們的人，才會認為自己有責任，要教會我們如何在這世上掙扎求生。

為什麼他們會這樣呢？因為要在這世上混得好，確實不容易。愛我們的人，希望我們能夠出類拔萃，以便生存下去。但代價是，我們必須變得和這世界一樣瘋狂，否則會顯得與人格格不入；我們必須取得好成績，以確保能進哈佛。奇怪的是，儘管這樣的人生觀讓我們活得很辛苦，我們卻沒有從中學到教訓，甚至甘願將力量拱手讓給外在的事物。於是，我們習得了恐懼，一直以來都害怕自己不夠好。恐懼無助於學習。恐懼會綑綁、阻礙我們，讓我們變得神經緊張。等我們這樣子成長到青少年時期時，大部分的人都已經傷痕累累。不論是愛我們的人或是不愛我們的人，都認為我們的愛、我們的心、我們的真實「自性」（Self）不合格。在缺乏愛的情況下，我們一次又一次地崩毀，儘管這個過程十分緩慢。

多年前，我曾經告訴自己不要擔心有惡靈這種事。我當時心想，沒有一股邪惡的力量正在潛近地球這回事。我告訴自己，一切都是大腦裡的想像。後來，我知道我的狀況不妙，既然每個念頭都會造出經驗，那麼我的念頭就是問題所在。雖然沒有真的惡魔會來奪取我們的靈魂，但我們的心念確實有一種強烈的傾向，就是用缺乏愛的角度去看待事物。

從小我們就被教導說，我們是分裂的、能力有限的個體。因此，每當我們談到愛，心裡就覺得難受。對我們而言，愛不只感覺起來很空洞，更帶有一種會吞噬我們的威脅感。我們之所以會有這種感受，是因為在某個意義上來說，愛確實是如此。愛淹沒了我們渺小的自我，淹沒了我們孤寂的分裂感。既然我們認為自己是分裂的，勢必也會認為，失去了分裂我們將無法存活。我們那嚇壞了的心靈在垂死抵抗，不讓我們內在的愛有喘息的機會。

以《奇蹟課程》的詞彙來說，整個充滿恐懼的知見體系，來自於我們第一個錯誤的信念——「小我」（ego），也就是相信自己與上主和其他人都是分裂的。小我這個詞，是沿用古希臘人的用語，意思和現在心理學中所說的「自我」不一樣。小我是我們對自己的一個錯誤信念，是關於我們究竟是誰的一則謊言。雖然我們的神智不清本身就不是真實的，而且活在謊言中讓人覺得焦慮不安，但讓人驚訝的是，我們其實不太願意去療癒這個分裂之念。

與愛分離的念頭是個可怕的妄造（miscreation），使我們耗盡力氣在對抗自己。正因為在離開愛的那一刻，上主之子竟然忘了對它一笑置之，於是整個幻相世界才成為了現實。《奇蹟課程》稱這個分裂的時刻為我們「**恐懼的歧途**」[5]或「**與上主分裂**」[6]。小我擁有自己的虛假生命（pseudo-life），它就像其他的生物一般，會為了自己的生存而奮戰。就某個角度來說，小我的生命可能也不好過，有時候也會像我們一樣感到痛苦或絕望，像我們一樣過著自己熟悉的生活，緊抓著舊有的東西不放，不願意嘗試新的事物。正因為如此，大部分的人都痛恨自己，儘管令人難以置信的是，明明是我們自己一直緊抓住那些綑綁我們的東西不放手。

小我就像電腦病毒一樣，會攻擊電腦系統的核心。它向我們展示一個黑暗的平行宇宙，在那裡，恐懼和痛苦並不實際存在，但看起來卻栩栩如生。就像路西法在墮落之前，曾是天堂裡最美麗的天使，小我也是如此。小我的出現意味著，我們的自我接納轉變成了自我憎恨。

小我就好像一個重力場，累積了累世的恐懼思想，將我們帶離自己內心的愛。小我是我們用來抵抗自己力量的心理機制，它像我們一樣冰雪聰明，像我們一樣能言善道，像我們一樣控制欲很強。還記得《聖經》裡總是巧言令色的撒旦嗎？小我就像那樣。它不會來到我們的面前，然後說：「嗨，我是你的自恨情結。」小我沒那麼笨，因為我們也沒那麼笨。

相反地，小我會說：「嗨，我是你成熟、慎重和理性的那一面，我會幫助你出人頭地。」它會唆使我們踩著別人往上爬，圖謀個人的成功。它教我們自私、貪婪、批判，以及處處對人設防。但請記著，唯一真實存在的我們只有一個。因此，你怎麼對待別人，別人就會怎麼對待你；你怎麼妨礙別人，別人就會怎麼妨礙你。任何一刻，當我們選擇的不是愛而是恐懼，就等於拒絕了體驗天堂的機會。表面上看來，我們覺得自己被愛拋棄；但更深入來看，是我們先拋棄了愛。

聖靈

聖靈之聲即是救贖之音。[7]

心念的力量本身是中性的，它是上主賦予我們的禮物。我們擁有選擇想法的自由意志。而沒有任何想法是中立的，所以沒有什麼是愚蠢的想法。所有的想法，都會向外顯化成某種形體。沒有任何東西能剝奪這股創造力，將心念用於何處，是我們必須負起的責任。

為自己的人生負責，意味著為自己的思想負責。請求上主「拯救」我們的人生，意思是請求祂把我們從負面思考裡解救出來。

既然上主是唯一的真實，其他的都是幻相，那麼愛的匱乏只有在小我的幻覺中，才能發揮影響力。「罪咎」指的是缺乏愛的知見，它源自射擊上的術語，意思是「沒有射中紅心」。上主不會為我們的罪感到生氣，因為在祂眼中，罪從未真正發生過。上主著眼的不是罪，而是我們錯誤的知見。祂並不想懲罰我們，只想治癒我們。祂治癒我們的方式，是透過一股意識的力量，也就是所謂的「聖靈」。

《奇蹟課程》教導我們，世間第一個恐懼念頭出現的那一刻，聖靈就同時被創造出來。上主是完美的愛，祂在所有錯誤出現的瞬間，也同時修正了那些錯誤。祂無法強迫我們重回愛的懷抱，因為在愛中沒有強迫。愛會為我們創造出其他的選項，聖靈就是上主為我們在恐懼之外提供的選項。

聖靈是上主對小我的解答，是上主「**與分裂兒女之間的交流管道**」8，是一座幫我們重返平安的橋梁，是「**偉大的知見改造者**」9。一般通常將聖靈指為「**護慰者**」10。上主無法強迫我們改變想法，因為那違反了我們的自由意志。但聖靈是一股在我們內心的意識力量，祂能把我們從地獄中解救出來，從恐懼中解放出來。任何時候，只要我們有意識地請求聖靈，請祂在「因的層次」（Casual level）上和我們同在，祂就能將我們的思想，從恐懼轉化為愛。

對聖靈的呼求不可能徒勞無功，因為祂是由上主創造，內建在我們這台電腦裡的程式。聖靈會以不同的形式來到我們面前，祂可能出現在我們和某個朋友的對話裡，也可能出現在一場嚴肅的靈性旅程中；祂可能化身為某一首歌的歌詞，也可能化身為一位出色的治療師。祂是一股無可撼動的力量，不論我們變得多麼迷惘或瘋狂，聖靈還是會為我們內在的圓滿效力。我們內在有某個部分一直渴望回家，而聖靈就是那個部分。

聖靈引導我們對真相產生不同的知見，那是一種以愛為依據的知見。「救贖」（Atonement）即意味著，聖靈修正了我們的知見。聖靈提醒我們，不論在什麼狀況裡，我們給出和獲得的愛才是真實的，其他的都不存在。除了愛以外的，都是幻相。為了放下幻相，尋得內在的平安，我們必須記著只有愛真實不虛，其他的都是不存在的錯誤。我們必須忘記這些錯誤，並願意放下它們。

我們缺乏的是對愛的覺察能力，當我們願意請求聖靈協助，就表示自己願意用不同的角度去看待某個狀況。我們放下了自己的詮釋和意見，願意用聖靈的觀點去取代它們。所以，當我們痛苦的時候，會這樣禱告：「親愛的上主，我願意用不同的觀點看待這件事。」

把某個狀況交託給上主，就是把我們對那個狀況的**想法**交給聖靈。我們把什麼交託給上主，上主就會把翻新過的想法透過聖靈的慧見交還給我們。有些人以為，臣服於上主等於推卸自己的責任，事實上正好相反。所謂為某個狀況負起責任，就是為我們的想法負責。當我們把某個狀況交由自己的心理防衛機制去處理時，會本能地以恐懼來反應。在狀況發生時，請求聖靈協助處理，才是真正負責任的表現。

人們往往有一種誤解，以為只要呼求上主，然後一切都會變得順心如意。但事實上，呼求上主意味著，邀請一切幫助我們成長的力量進入我們的生命，而成長的過程不會盡如人意。生命的目的是朝完美的境界發展，一旦我們呼求上主，所有可能讓我們憤怒的事物，都將虎視眈眈地撲向我們。為什麼呢？因為阻礙我們邁向愛而留在憤怒裡的，正是自己築起的那些高牆。任何一個令我們感到被冒犯的情緒地雷，都起因於我們尚未擁有無條件愛人的能力。聖靈的工作，就是引導我們把注意力轉向愛，從而幫助我們超越這些關卡。

我們的「舒適區」，往往是自己特別**容易**去愛的那些狹隘領域。聖靈的工作不是鞏固我們的舒適區，而是搗毀我們的舒適區。除非**所有**領域都變得一樣舒適，否則我們就不算是處在完美的愛中；除非你的愛無條件，否則就不算是愛；除非體驗過完美的愛，否則我們不會明白自己真正是誰。

為了確保我們能順利朝開悟（enlightenment）的目標邁進，聖靈為每個人準備了高度個人化的教材。每一次與人會晤，每一個遭遇的情況，都可以為祂的目的所用。聖靈在完美的大我（cosmic self）和瘋狂的俗世之間，為我們進行轉譯工作。聖靈進入幻相世界，為的是帶著我們出離幻相。祂用愛創造出更多的愛，並把恐懼當作是對愛的呼求。

二次大戰期間納粹對猶太人的大屠殺，並不是出於上主的旨意；愛滋病的蔓延，也一樣不是出於上主。大屠殺和愛滋病都是恐懼的產物，當我們邀請聖靈進入這些情況中，聖靈就會把屠殺和愛滋當作幫助我們的機會，讓我們能觸及愛的更深層次。這些情況挑戰著我們，能否愛得比從前任何時候更加深刻。

與其去追問納粹屠殺的意義何在，倒不如盡力去創造一個充滿愛的世界，讓這樣的事不再發生。任何一個有思維能力的人都知道，希特勒若憑一己之力，不可能完成那些殘暴行徑。少了成千上萬人的支持，他根本做不到。那些支持他的人，想法雖然沒有像他那般邪惡，但也沒有反對他的道德勇氣。如今，聖靈要我們做些什麼？雖然無法保證不會出現第二個希特勒，但我們能做到的是，創造一個充滿愛的世界。若是如此，即使希特勒再世，也不會有人對他言聽計從了。

靈性的道路，是活出自己的一段旅程。每個人都在旅途上，只是大部分的人並不知道。儘管已經忘記了自己完美、慈愛的本然狀態，但我們內心的聖靈卻從未遺忘。聖靈陪我們一起進入恐懼和幻相的世界，利用這世界的經驗來提醒我們，自己究竟是誰。聖靈教我們知道自己的所思所為，都是帶著愛的目的，好讓我們明白自己的真相。聖靈顛覆了我們自認來到世間的原因，教我們看見愛才是自己活著的唯一使命。我們的一切作為，可能為小我所用，也可能為聖靈所用。小我和聖靈的不同之處在於，小我想方設法要引誘我們落入焦慮之中，聖靈則想方設法要引領我們回到內在的平安。

開悟的生命

悟道不過是一種體認，它不曾改變任何東西。11

不論是曾經生活在世間，或是目前正生活在世間的人，都有人曾經有過被聖靈完全治癒的經驗，那些人已然接受了救贖。不論是哪一個宗教，都流傳著聖徒或先知行神蹟的故事。這是因為當我們的心靈重回上主的懷抱，心靈就成了傳遞上主大能的管道。上主的大能，勝過世間的任何法則。藉由接受救贖，聖徒和先知活出了他們內在的基督，他們的恐懼思想獲得了淨化，留在心裡的只有愛。人們稱這些被淨化的生命為「開悟」的人，也就是「得到光明」的人。光明意味著「領悟」，開悟的人就是那些領悟的人。

開悟的人擁有的一切，我們也都有。他們的內在擁有完美的愛，而我們也是如此。他們和我們的差別僅在於，除了愛之外，他們別無**其他**。對一般人來說，完美的愛只是一種潛在的狀態，但是對於開悟的人（如耶穌等人）來說，那卻是實實在在的存在。基督自性（Christ-Self）指的只是「無條件的愛」，你我擁有的基督自性，一點都不會比耶穌少。但是，耶穌和我們的差別在於，我們抗拒自己的基督自性，而耶穌則不抗拒。耶穌的每個思想行動都出於愛，他心中那無條件的愛，或說基督，就是「能釋放我們的真理」。因為無條件的愛，會將我們從自己的恐懼思想裡拯救出來。

耶穌和其他悟道的上師，都是我們走在這條進化之路上的兄長。根據進化的法則，物種會一直朝著某個方向發展，直到再也無法適應既有的生存狀態為止。當物種無法繼續生存時，就會出現突變種。雖然突變不是物種的常態，卻是適應生存環境的一條新路。突變種的後代，往往成為繼續繁衍下去的新物種。

人類的好鬥性格，使得其他物種面臨挑戰。人類喜歡和自己鬥、和別人鬥、和地球鬥，以及和上主鬥。人類充滿恐懼的生活方式，已經威脅到自己的生存。一個全然慈愛的人，就像是一個進化的突變種。有別於一般人，他會把愛當成第一要務，創造出供奇蹟發生的環境。這種進化是人類唯一的明智之舉，是唯一能夠支持我們存續的路。

突變的物種與開悟的人，一樣向世界展示了進化的潛力，為其他人指路。「指路人」（wayshower）和所謂的「精神寄託」（crutch），兩者之間是有差別的。有人會說，自己並不需要像耶穌這樣的精神寄託。但是，耶穌並不是什麼精神寄託，而是一位老師。如果你想成為作家，你會研讀古典文學；如果你想譜出偉大的樂曲，你會聆聽過去偉大作曲家所寫的音樂；如果你想成為一個畫家，那麼研究大師的畫作會是一個不錯的方法。假設當你在學習作畫時，畢卡索走進你的房間，對你說：「嗨，我有幾個小時的空檔，你想不想聽我說一些訣竅？」這時候，你會說不要嗎？

那些靈性導師諸如耶穌、佛陀，或任何一個開悟的人，也是如此。他們的高明之處，在於善用心靈的方式，就像貝多芬是個善用音符的天才，或莎士比亞是駕馭文字的高手一樣。我們為什麼不直接跟他們學習，聽從帶領，學習去做對的事呢？

雖然《奇蹟課程》套用傳統基督教的用語，但這些用語的意思，已經有別於傳統意涵。諸如基督、聖靈、救贖、耶穌等等字眼，《奇蹟課程》取用的是這些名相在心靈層次上的意義，而不是宗教層次上的意義。身為《奇蹟課程》的修習者和傳授者，我知道很多人非常抗拒這些基督教詞彙。我曾經以為只有猶太教徒才不喜歡這些用語，但是我錯了，當提起耶穌這名字時，我發現不只是猶太教徒才會覺得神經緊張而已。當我們對一群溫和的基督徒說到「耶穌」時，遇到的抗拒程度可能有過之而無不及。

我瞭解人們為什麼會有這種反應。誠如《奇蹟課程》所說：「**他一心只想作人類的弟兄，卻有人把他塑造成某種冷峻無情的偶像。**」12許多基督教用語，被誤用來創造和強化罪咎，導致很多人徹底排斥這些語辭。在很多情況下，基督徒比猶太教徒更常被這種問題困擾。猶太教徒幾乎不曾教孩子任何基督教用語，但是基督徒往往把原罪、懲罰和對地獄的恐懼等觀念，加諸在這些語辭上。

名相就只是名相，那些讓人覺得被冒犯的用語，可以隨時以新的用語來取代。然而，「耶穌」這名字則不然，它無法用另一個詞來替換。「耶穌」是一個人的名字，沒必要假裝他的名字是（舉例來說）賀伯特。傳統基督教加諸在耶穌這名字上的某些詮釋，使得許多人本能地排斥耶穌，並因噎廢食到完全摒棄這個用語的地步。所以，這些人對於《奇蹟課程》或其他祕傳基督教（esoteric Christian）的教導，會因為用語的關係便不假思索地排斥，他們落入了戒酒無名會（Alcoholic Anonymous）所說的「先入為主」（contempt prior to investigation）的心理陷阱裡。

多年前，我曾參加一個在紐約市舉辦的晚宴。大家用餐時的話題，圍繞著一本剛出版的小說，有人問我是否讀過那本小說。我雖然還沒讀過，但已經看過《紐約時報》上的書評。於是我撒謊說：「我讀過了。」當時，我真的被自己嚇到。我明明沒讀過那本書，只不過擁有足夠的資訊，就在那一刻假裝讀過。換句話說，我寧可用別人的意見來取代我自己的意見。

那件事發生後不久，當我在考慮要不要讀一本和耶穌有關的書時，再次想起那場晚宴的事。我打算讀的那本書，正是《奇蹟課程》。小時候，我對耶穌一無所知，大人只是告訴我：「親愛的，我們猶太人不讀那玩意兒。」但即使如此，猶太人依舊以鼓勵孩子多讀書而著稱。那場晚宴的經歷，讓我第一次意識到，自己從小就被制約成應該多讀書、多思考的人。對我而言，《奇蹟課程》並不是在推銷耶穌。雖然《奇蹟課程》的內容出自耶穌，但很清楚的是，就算你跟耶穌沒有任何淵源，一樣可以修習這部課程。

《奇蹟課程》知道我們在抗拒什麼，但沒有為此就迎合我們的胃口。是我們該顛覆對於基督教思想的理解的時候了，尤其是我們對於耶穌的理解。基督宗教對於耶穌這個概念或這個人的詮釋，並不是唯一的權威，每個世代都應該重新發現他們自己的真相。

耶穌是誰？耶穌是聖靈的肉身顯化。聖靈完全治癒了耶穌，耶穌和聖靈已合而為一。然而，耶穌並不是聖靈的唯一面貌，只是**其中一個**面貌而已。耶穌擁有過登峰造極的經驗，但他並非唯一攀至峰頂的人。

雖然耶穌生活在充滿恐懼的世間，但他以愛作為唯一的知見。他的每一個行動、每一句話、每一個念頭，都受到聖靈的指引，小我對他完全失去了吸引力。耶穌是一個完全純淨無染的生命，呼求耶穌，等於呼求我們內在完美的愛。

耶穌徹底活出了內在的基督自性，因而獲得上主賦予的大能，幫助我們回歸自己內心的基督自性。誠如耶穌在《奇蹟課程》裡所說：「**我是掌管整個救贖過程之人**。」[13]耶穌接受了上主對萬物的慧見，因而自己也**成為**慧見。他看待我們每一個人，就像上主眼中的我們一樣，都是純潔無罪、完美無缺的。耶穌看見我們懂得愛人，也值得被愛，教導我們學習用這樣的眼光看待自己。就這樣，耶穌帶著我們出離地獄，邁向天堂。

用耶穌的眼光看世界，等於修正了我們錯誤的知見。這就是耶穌在我們的生命裡展現的奇蹟，奇蹟是我們靈魂所發出的神祕之光。我們的心靈，是為上主之子所設置的聖壇，耶穌即代表所有的上主之子。呼求耶穌，就是呼求我們心中對於完美的愛的渴望。

童話故事是人們內在自我的隱喻，它們代代相傳，訴說著和人類轉化有關的故事。諸如白雪公主與睡美人，這些故事說的都是小我和聖靈之間的關係。象徵小我的邪惡後母，雖然能讓我們心中的基督如睡美人般沉睡，卻無法將其摧毀。因為上主創造的一切，無人能夠摧毀。後母能做的只是對我們下咒語，讓我們美麗的部分陷入沉睡。我們心中的愛不會消失，只不過暫時睡著了而已。

童話故事的最後，總會有一個王子出現，他的吻喚醒了我們是誰，以及為什麼會降生至此。白馬王子就是聖靈，祂會以各種不同的造型來到我們身邊，用愛讓我們覺醒。

正當一切希望看似破滅，邪惡將獲最後勝利之際，我們的救主於是翩然降臨，緊緊擁抱我們。聖靈有許多面具，其中一個就是耶穌。耶穌不是偶像，也不是精神寄託，他是我們的兄長，一份來自上主的禮物。

第四章

臣服

因我們已能無憂無慮地安息於上主手中…[1]

信心

不論是什麼事件，絕無信心解決不了的問題。2

如果我們真心相信上主的存在，相信祂的目的是利益眾生，相信祂以超乎人類的力量推動萬物有序地運行，事情將會產生怎樣的轉變？如果我們能在日常生活中，看見這股力量的運作，人生將會如何不同？如果我們相信上主確實是愛護、關懷並保護著我們的，我們又會如何？如果我們相信，自己可以好好放鬆一下，我們又會如何？

我們的身體，是一部時時刻刻都在運作的機器，人類的任何設計或發明，都無法和它媲美。心臟不斷跳動，肺臟不斷呼吸，耳朵不停聆聽，頭髮不停生長，這些事從來不勞我們費心，每個器官自然而然就會克盡職責。行星繞著太陽公轉，種子抽芽長成花朵，胚胎長成嬰兒，這一切不需要協助便可完成，因為都是自然律的一部分。而你我也是這個法則不可或缺的一部分，我們可以將生命交給那讓花朵綻放的力量來指引；當然，相反地，我們也可以選擇事必躬親。

所謂信心，即意味著信任那股轉動宇宙的力量。信心不是迷信，而是慧見。信心是相信深諳運作之道的宇宙會支持我們，是覺察到那股善的力量，明白它不斷在每個領域運作著。我們若企圖操控這股力量，最後只會構成妨礙。我們若是願意放鬆下來，它便能代我們行事。當我們對上主不具信心，便會發狂似地想去干涉本來就不該插手的事，去掌控我們沒有能力掌控的東西。當我們不再試圖干涉，那些事反而會發展得更好。說穿了，那些事本來就不受我們控制。不帶信心的做事，只是在浪費時間罷了。

物理現象有其客觀、明顯的法則，以重力或熱力學定律為例，你不一定完全明白重力定理，可能只是聽過這名詞而已。非物理現象也是如此，它也有其一套客觀、明顯的法則。這兩種相似的法則，分別掌管我們內在和外在的世界。

就外在世界來看，宇宙會在物質層次上支持我們的生存，好比植物的光合作用和海裡的浮游生物，會製造出我們所需的氧氣。尊重這些掌管物理世界的法則至為重要，因為違逆這些法則將危及人類的生存。當我們污染海洋或濫砍植物，摧毀的其實是支持自己賴以生存的系統，那無異於自我毀滅。

就內在世界而言，宇宙也會在情感層次上支持我們的存在。與氧氣相仿的內在元素是愛，愛是我們生存之必需。人與人之間的關係，就是為了創造愛。當我們用缺乏愛的思想污染了關係，或以缺乏愛的態度破壞或結束關係時，就是在威脅自己的感情生命。

宇宙法則只是說明了事物的原貌，我們並未「發明」這些法則，而只是「發現」了它們的存在。我們是否對這些法則懷抱信心，並不會影響法則的運行，只不過表示自己是否瞭解了它們的內涵。違逆這些法則不表示我們不對，只是顯示出缺乏智慧。除了外在的自然律以外，我們最需要遵循的內在法則是什麼呢？那就是「彼此相愛」。如果人類不彼此相愛，最後就會全部滅亡。這就好比沒有了氧氣誰也活不了，缺乏愛的結果也是一樣。

抗拒

「不信」，並不表示他沒有信仰，而是指他誤信了不存在之物。3

《奇蹟課程》告訴我們，世界上並無所謂不信的人。信心是意識的一個面向。我們要不是相信恐懼，就是相信愛；不是相信世間的力量，就是相信上主的力量。

基本上，世界教導我們，一個有責任感的人必須具備積極、陽剛的性格。所以，我們得出門去找一份工作，掌控自己的人生，表現得不畏艱難。世界教導我們，這麼做才算展現了自己的力量。我們評斷自己價值的標準，是依據自己的所作所為，而不是自己是誰。因此，我們落入進退維谷的困境裡：在成功之前，我們總對自己感到無能為力；然而感到無能為力，又很難導致成功。

如果有人到我們面前來，建議我們順著流走或稍微放鬆一點，我們鐵定會抓狂。畢竟，就目前看來，我們的表現總是不盡理想，怎麼放鬆得下來。

但是越逼自己，反而只會讓自己更加消沉。

被動能量（passive energy）自有其效用。個人的力量來自陽性（masculine）能量與陰性（feminine）能量的平衡。被動能量若缺乏主動能量的調和，人會變得疏懶；主動能量若缺乏被動能量的調和，人則會變得暴躁。過多的陽性、侵略性能量，導致人們崇尚陽剛、支配、情緒不穩和不近人情。問題是，這世界向來教我們崇尚攻擊性的能量，教我們都要成為強者。因此，我們總是頌揚陽性意識（masculine consciousness），當陽性意識多到蓋過陰性意識時，人會變得冷酷無情。

所有人皆如此，不論是男人或女人，都活在一種備戰的狀態中，總是為了什麼在爭，像是為了工作、金錢、關係、結束關係、減重、清醒、讓別人理解自己、讓別人留在自己身邊、讓別人離開自己，凡此種種。我們從沒放下過手上的武器。

相反地，當陰性能量過多時，人會變得消極，什麼都不想**做**。不論對男人或女人而言，靈性化（spiritualization）都意味著一個陰性化的過程，一種心靈的寂靜，而這會增長個人的吸引力。舉例來說，假設你想用一堆鐵屑排出一個美麗的圖案，你有兩種作法。你可以用手指把鐵屑排成美麗而細緻的線條，或是買一個磁鐵，用磁鐵吸引鐵屑就定位。磁鐵，象徵我們的陰性意識，它運用吸引力而非行動力來展現能力。

我們意識中，充滿魅力、懂得接納、陰性特質的那部分，是讓頭腦臣服的空間。在道家思想裡，「陰」是陰柔之道（feminine principle），代表大地的力量；「陽」是陽剛之道（masculine principle），代表靈性的力量。當我們稱上主為「他」時，所有人相對地就成為「她」。這裡談的不是兩性議題，以陽剛之道來指稱上主，並不違背女性主義的信念，因為我們的陰性自我和陽性自我，同等重要。

陽剛之道和陰柔之道的正確關係是「合一」，在合一之中，陰柔臣服於陽剛。臣服不代表軟弱或失落，臣服是強大的不抵抗力量。藉由人類意識裡的開放和接納，靈性得以注入我們的生命，為生命提供意義和方向。在基督教用語中，聖母瑪麗亞象徵我們內在的陰性特質，她從上主那裡受孕。陰性特質促使救贖的過程得以發生，並藉著臣服來完成。這不是陰性特質的弱點，反而是它的力量所在。在地上的基督以上主為父、以人性為母，透過人性與神聖力量之間的連結，我們的高我（higher Self）得以誕生。

放下對結果的期待

你絕不會誤入歧途，因為上主在前領路。[4]

臣服於上主，即是臣服某個比自己更恢弘的事物，臣服知曉一切的宇宙。當我們不再試圖控制外在事件，事件就會回歸到運行無礙的本然秩序之中。當我們願意收手，比我們更強大的力量才得以接手，其作為遠超乎我們所能想像。學著去信賴這股讓宇宙萬物和諧運行的大能，讓它去處理我們相形之下顯得微不足道的生活瑣事。

臣服，就是放下對結果的執著。當我們臣服於上主、放下執著，不再緊抓外境發生的事時，將更能留意自己內在發生的事。我們能否經驗到愛，是出於自己的選擇。只要我們在心裡決定，不論什麼狀況下，都視愛為唯一的目標和價值，就一定能經驗到愛。除非做出這樣的選擇，否則仍會繼續汲汲營營於那些自以為會帶來幸福的結果。但是，就算那些結果實現了，我們也會失望地發現，它們無法帶來幸福感。拜偶像的意思是，我們向外尋找「不是愛」的事物來圓滿自己，把它們視為幸福的源頭。金錢、性、權力或任何其他世俗的滿足，僅能暫時舒緩生命存在的痛苦而已。

「上主」就是愛，「旨意」（Will）意味著思想，「上主的旨意」即是指愛的思想。如果上主是所有善意的源頭，那麼我們心中的愛，就是所有善念的源頭。當我們處於愛中，自然會散發出這樣的態度和行為：讓所有涉及某一件事的人，都在至善的層次裡，看見事情的真相。我們未必會知道，事情將如何發展，我們也不需要去知道，因為只要我們做好自己該做的，上主自會完成祂的工作。在任何情況下，我們唯一要做的，只是放下對愛的抗拒，至於接下來會發生什麼，一切交給上主去安排。我們放下控制權，將一切交由祂來統領。我們深信祂知道，該怎麼做最好。

人們常懷有一種迷思，認為有些人比其他人更容易信心堅定。然而，更正確的說法是，在某些處境中，有些人比其他人更願意臣服。當然，我們優先願意臣服的，都是那些自己不特別在意的事。有的人不介意放下的生涯規劃，但卻很難放下親密關係，而有些人則正好相反。把自己不那麼在乎的事交由上主處置並不難，但是對於自認很重要的事，總覺得由自己親自操刀還是比較好。然而，越要緊的事，越該交給上主去處理。當我們把一件事交託出去，那件事便能得到最妥善的照顧。把一件事交給上主，意味著在心理上把事情交付到祂的手上，讓宇宙的慈愛來保護和眷顧。想要自己處理，就是在緊抓住某件事不放，企圖操控結局。這麼做猶如不斷打開烤箱，查看麵包烤好了沒，反而會讓麵包延遲烤好的時機。

對結果仍有執著時想要放手，通常會深感痛苦。但是，連明天會發生什麼事都不知道的我們，如何知道哪個結果才是對我們最好的，以及自己要的是什麼？與其說：「親愛的上主，請讓他愛上我，或請給我這份工作。」倒不如說：「親愛的上主，內在的平安是我最優先的渴望。我願意經驗到愛，但不知道該怎麼做才好。我把結果交託在祢的手上，我信任祢的旨意，願祢的旨意得成就。阿門。」

以前我總認為，自己沒資格打擾上主，比起我這微不足道的人生，祂還有更重要的事等著去處理。後來，我才明白上主不會偏心，祂的愛大公無私且遍及所有眾生。對上主而言，我的生命並沒有比其他人的更珍貴或更不值。臣服於上主，就是接受這樣的事實：上主愛我們，會為我們提供一切所需；祂也愛一切眾生，會為眾生提供一切所需。臣服，並不會減損我們的力量，相反的，它會使我們的力量倍增。

臣服的人生

上主的神聖之子，你何時才能明白，唯有這神聖性方能滿足你的心靈，帶你活得心安理得？5

讓自己放鬆下來，感受你心中的愛。不論在什麼情況下，都讓自己保持在這樣的狀態，這就是靈性臣服的意義。靈性臣服會轉化我們，使我們變得更具深度、更吸引人。

在禪宗裡有一個概念稱為「初心」（zen mind）或「初學者的心」。禪宗說，人的心智應該像一個空碗。碗要是滿了，宇宙就無法再倒東西進來；碗必須是空的，才有容納的空間。這意思是說，當我們自以為學會了什麼，就無法再多學習到什麼；當心智封閉起來，我們就無法領受真正的智慧。臣服，就是讓心智淨空的過程。

在傳統基督教的說法中，這就是所謂「回轉變成小孩子」的意思。孩子不認為自己知道某件事的意義何在，他們預設自己什麼都不懂，所以會聆聽年長或更有智慧的人的解釋。我們明明像小孩一樣無知，卻以為自己什麼都懂。智者不會假裝知道他不知道的事。「我不知道」是一則賦予我們力量的宣言，當我們的理智處於「不知道」的狀態，內在的某個東西反而會處於**確知**的狀態。一旦我們的心智清醒了，我們就能後退一步，好讓內在更高的力量往前一步，引領我們。

我們需要少一點矯飾，多一點真正的神魅（genuine charisma）。神魅原為宗教術語，意思是「屬靈」（of the spirit）或「充滿靈性」（inspired）。神魅指的是，讓上主的光照進我們之內，讓自己擁有金錢買不到的活力；神魅指的是，那些對事物有具體影響的無形能量。放手、全然地去愛，並不會讓我們黯淡得像是壁花。相反地，當我們敞開心去愛，才會真正燦爛起來、光輝熠熠。

我們要允許自己閃耀，我們就是要大放光彩。看看年幼的孩童吧！他們展現了謙卑的力量。在**試圖**長成與眾不同的人之前，他們早就是獨一無二的了。這也解釋了「新手的好運」（beginner's luck）從何而來，在不知道遊戲規則的情況下，我們不會假裝知道該怎麼做，自然也不會知道有什麼好怕的。心智放鬆下來，隨順著更強大的創造力量。於是，原先的狀況改變了，曙光乍現，一切的轉變只不過是因為我們的心靈已敞開接受愛，我們不再阻擋自己的去路。

愛注定會得勝，它是吸引成功的振動頻率（vibration）。人們通常認為，成功是一件難以達成的事，但如果我們一直這樣想，成功就真的會變成一件困難的事。我們無須繃緊神經才能獲致成功，也無須多麼努力奮鬥不懈。懷抱「愛拚才會贏」的信念，是極其危險的。

伴隨著想贏而來的緊張焦慮，會阻擋成功經驗的來到，讓我們在情緒和精神上處於緊繃。那看似帶給我們活力，實則不然。這就好比一塊蜜糖，只能帶來短暫的慰藉，而尾隨其後的是有朝一日轟然瓦解。相反地，培養放鬆或臣服的心態，則像是在服用健康食品。雖然沒有立即的療效，但隨著時間累積，卻能儲備更多能量。

我們無須整天盤腿打坐，才能獲得心靈的平靜。我們依舊可以維持興奮的心情，卻表現得更加溫和。很多人以為，過靈性生活就像在看無聊的電影，但事實並非如此，上主無意奪走我們生命中的任何情節，祂只會應我們所求讓**爛**戲碼消失。真正的個人成長，是我們生命中最重要的一場戲，沒有什麼比男孩蛻變成男人，女孩蛻變成女人更震懾人心。

當我們臣服並單純去愛，神奇的事就會發生。我們融入另一個早已存在我們心中，充滿力量的世界。當我們改變，這個世界就會跟著改變；當我們變得溫和，這個世界就會變得溫和；當我們愛這個世界，世界就會反過來愛我們。

臣服僅僅意味著，停止與世界為敵的決心，開始去愛這個世界。臣服是溫柔地把自己從痛苦中，釋放出來。釋放不是指掙脫一切，而是輕柔地與我們真實的自己融合為一。也就是說，放下自己的盔甲，然後重拾自己的基督自性（Christ self）。《奇蹟課程》告訴我們，人們以為少了小我的幫忙，一切都會變得失控，實則不然。小我消失後，留下的是全然的愛。

上主要我們做的，只不過是轉換自己的觀點，採納一種更溫和的知見，這就是上主唯一期盼我們做到的事。在真心臣服的那一瞬間，只要把愛視為最優先的選擇，我們就會瞭解到，其他的事都不再那麼重要了。向上主敞開所獲得的回報，是祂在我們內心深處注入湧泉般的力量。祂賦予我們大能，讓我們把祂的大能分享出去，療癒世上所有創傷，喚醒所有人的心靈。

第五章 奇蹟

你的神聖本質倒轉了世間的一切運作法則。
它不受時空、距離及任何限制的約束。[1]

寬恕

罪咎便會在天國的神聖光輝中銷融，脫胎換骨為仁慈，往昔的猙獰不復存在。2

「**奇蹟是愛的自然流露。**」3奇蹟反映出我們思想的轉變，將心念的力量用於療癒和修正知見上。

療癒有很多種形式。有時候，奇蹟會以物質的形式出現，例如身體疾病的治癒；也有時候，奇蹟僅僅是心理或情緒上的轉化。雖然外在情勢發生轉變是較常見的情況，但不盡然都是如此。有時候真正發生轉變的，是我們**理解**外在事件的方式。我們如何看待某件事，如何經驗某件事，才是最根本的改變所在。

人們眼中的世界，這個我們都將注意力集中在自身之外事物的世界，其實只是一個幻境。幻相的世界好比一簾帷幕，橫掛在真實世界的前面，這個虛幻的世界只是一場集體夢境。奇蹟，不是為了修補這個夢境，而是為了能徹底從夢裡醒來。

期盼奇蹟發生，就是盼望著回歸內在的平安。我們尋求的，不是改變某個外境之物，而是改變我們內在的某些東西；我們尋求的，是一條生命的康莊大道。

傳統牛頓物理學認為，事物擁有獨立於人類認知之外的客觀真實。但是量子物理學，尤其是海森堡的測不準原理（Heisenberg's Uncertainty Principle）卻揭示，當我們對某個客體的認知產生改變時，該客體就會發生改變。所謂宗教的科學，其實就是「意識的科學」，因為人類的一切創造，最後都要透過心智來顯現。誠如《奇蹟課程》所言，人們改變世界最偉大的利器，便是擁有「改變自己對世界的看法」的能力。

由於心念具有創造力，轉變心念遂成為我們最寶貴的一種能力。我們可以決定選擇愛，而不選擇恐懼，這將為生活帶來翻天覆地的改變，這些都是來自上主的禮物。儘管奇蹟超越我們的理解範圍，但是「**奇蹟為你的神聖性說項**」[4]，讓我們有改變的機會。在完美的愛中，主宰一切事物的常態法則都相形失色。不受限的思想，將為我們帶來不受限的經驗。

問題是，我們仍對於主宰世界的各種法則深信不疑。如果我們認同這個幻相的世界，那麼主宰這世界的法則，例如匱乏和死亡，也將宰制我們。但是，如果我們認同自己是上主之子，相信真正的家在超越這世界之上的意識界裡，將會發現自己「**只受上主天律的管轄**」5。

我們認同什麼，就會做出怎樣的事。我們若認同自己是渺小的、有限的和匱乏的生命，便會用這種想法行事，不論做什麼，都會散發出反映著這些想法的能量；我們若認同自己是宏偉的、擁有富足的愛並能夠給予的生命，便會依據這種想法行事，散發出慈愛的能量。由於能量會互相吸引，圍繞在我們周遭的能量，也會反映出我們覺識（awareness）的狀態。

奇蹟不是刻意做出來的，它會自然而然地流露在一個慈愛的人身上。慈愛是一種無形的力量，源自有意識地給出愛和接受愛。當我們放下阻礙自己邁向內在之愛的恐懼時，我們就成了上主的同工，成了祂的奇蹟志工（miracle workers）。

上主就是愛，祂會不斷擴展、滋養、創造出新的模式，來表達和接受喜悅。當我們將注意力集中於愛而敞開自己的心，就成為了落實上主旨意的幫手。我們的生命，將成為上主表達喜悅的畫布，而這就是我們的人生使命——成為神聖法則（divine principle）的具體呈現。我們活著是為了事奉上主，這意味著我們活著是為了愛。

我們不是隨便被扔進大海裡的小石礫，而是肩負著用愛拯救世界的使命。這個世界就像一隻折翼的鳥，亟需我們援助。許多人明白這個道理，成千上萬的人更已為此祈禱。

上主垂聽了禱告，祂差了幫手來，而你就是祂的幫手。

加入奇蹟志工的行列，就像是參與讓世界恢復生機的靈性地下組織，在盡可能深入的層次上，投身於一場和世界價值攸關的大革命。地下組織的意思是說，你不需要敲鑼打鼓，高調地告訴別人你是奇蹟志工。誠如二戰時法國地下組織的成員，不會走到占領巴黎的德國軍官面前說：「嘿，我是反德組織的成員雅各。」同樣的，我們不用到處去跟別人說：「我蛻變了！我正在為上主工作，祂差遣我來療癒世界，這世界就快有重大轉變了！」奇蹟志工應該學習不發表己見，我們必須知道，在不對的時間、不對的地點跟不對的人說話，只會讓自己聽起來一點都不像個智者，反而像個愚人。

《奇蹟課程》告訴我們，上主把拯救世界的計畫稱為「上主之師（teachers of God）計畫」，這個計畫呼召所有上主之師，透過愛的力量一同療癒世界。去教這個計畫，和口語表達能力沒有太大的關聯，而是和人的能量品質密切相關，因為「**教人，其實就是以身作則。**」[6]所有人都是自己選擇成為上主之師的，「**這些老師來自世界各地。來自各種不同的宗教背景，甚至毫無宗教背景。他們只是答覆了上主的召喚。**」[7]這意思是說，「**聞其聲者頗眾，答覆者卻幾希。**」[8]上主對所有人發出召喚，祂的天音時時刻刻穿透每個人的心靈，只是並非每個人都願意傾聽內心的呼喚。只要我們儆醒諦聽，就能穿越外在世界騷動的吵雜聲，聽見內在被掩蓋了的微小而定靜的愛之聲。

上主之師的任務是，不斷從自己的生活中，尋找愛和寬恕（forgiveness）的機會。透過「**篩選的記憶**」[9]，有意識地只懷抱慈愛的想法，放下一切恐懼的念頭，這就是寬恕的意義。「寬恕」是《奇蹟課程》思想體系的基石，但是就像其他傳統基督教用語一樣，《奇蹟課程》對「寬恕」的定義也非常不同。

就傳統的意義來說，寬恕指的是我們原諒了別人的過錯。然而《奇蹟課程》所教的寬恕則是，沒有任何人是真的有罪的，愛才是唯一真實的東西。我們的任務是穿越罪咎的幻相，去看見每個人純潔無罪的真相。「**寬恕，就是只記住你過去給出以及接受的種種善念，而將其餘的一切拋諸腦後。**」[10]

上主要我們擴展自己的知見，看穿面前形形色色的錯誤（例如某個人的所作所言），進而觸及他人的真相——他人的神聖本質。

在《奇蹟課程》的〈頌禱〉中，稱傳統觀念裡的寬恕為「破壞性的寬恕」（forgiveness-to-destroy）。從這個角度來看，傳統意義下的寬恕，反而是一種定罪別人的行為。那就像是一個自大的人，自以為是高高在上地去原諒別人的過錯，這是一種妄見（misperception）和小我的傲慢。

既然所有人的心靈都是相連的，那麼只要有人修正了知見，所有人的心靈在某個程度上等於也同獲療癒。我們能為這世界做的最大貢獻，就是寬恕，因為憤怒的人無法為地球締造和平。以前的我，總是為了人們不願意簽署和平請願書而氣憤不已，如今想來真覺得啼笑皆非。

寬恕不僅是一個無間斷的工作，有時候做起來還很棘手。雖然只有少數人能持續地寬恕，但只要盡力了，就算是對自己的使命有所回應了。寬恕，是真正能讓世界重生的方式。徹底的寬恕，意味著在個人關係或人類集體戲碼上，都能完完全全地放下過去。

活在當下

過去的一切，除了美好部分以外，全都過去了，留給你的只是祝福。11

上主存在於永恆之境，而永恆與時間唯一的交會點就是當下。「**只有當下此刻是唯一存在的時間。**」12 奇蹟就是我們從自認過去做了什麼，和未來該做什麼的想法裡跳脫出來，在此地此刻更自由地去做些什麼；奇蹟意味著，我們從內在的束縛中獲得釋放。我們越能忘卻過去與未來，就越能光采煥發，這就是小孩子為何總是精神奕奕的原因。孩子們不記得過去，也不憂心未來。但願我們都能像孩子一樣！但願世界最終都能有所成長！

在《奇蹟課程》的〈學員練習手冊〉裡，有一課的標題是這麼說的：「**往事已矣，它再也影響不到我了。**」13 寬恕過去，是體驗奇蹟重要的一步。過去之於我們的意義，僅僅是把我們帶到現在，我們對過去只需抱持著這樣的評價。我們曾經付出與得到的愛，才是唯一真實的東西，其他的都是幻相。過去只是存在於我們心智裡的一個想法，《奇蹟課程》教導我們，

「將過去一切都交到祂的手中吧，祂會幫你改變你對過去的看法。」14 把過去交託給聖靈的意思是，請求上主只讓和聖靈有關的、慈愛的、對我們有益處的想法，留在我們心靈裡，其他的思想都釋放。

我們把過去和未來交付在上主的手裡，最後留下的唯有當下此刻。而當下，正是奇蹟發生的唯一時機。《聖經》提到的「時間也必止息」，意思是說，終有一天我們將活在當下，不再受到過去或未來的束縛。

宇宙時時刻刻都聽命於我們的創造力，上主從未創造出任何和我們作對的事物。問題在於，我們並不相信。請求寬恕並非請求得到「不曾譴責過我們的上主」的寬恕，而是為那些做過或沒做過的事，祈求得到自己的寬恕。請允許自己重新來過吧！

在人生的旅途上，我們常有這種感嘆：要是當初自己沒做那件事，該有多好；或者，要是那件事當初沒有發生，該有多好。每當想起那些時刻，我們就會變得畏畏縮縮，不論那些事是昨天或幾年前發生的。《奇蹟課程》中最有助於放下過去的，是〈正文〉裡的一段禱詞。藉由這段禱詞，我們請宇宙來化解（undo）那些錯誤：

化解的第一步就是認清：既然這一錯誤決定是你作出的，你當然也能另作選擇。但你的立場必須非常堅定，內心也一清二楚，化解的過程雖不是出自於你，卻是上主在你內進行的大事。你的責任只是將自己的想法帶回到當初犯錯的那一點上，安心地將它託付給救贖。請你試著誠心誦念下面的句子，也請記住，即使你的邀請只是輕描淡寫的一個手勢，聖靈仍會全力以赴地回應的：

我必已作了錯誤的決定，因為我沒有活在平安中。
既然是我自己作的決定，我也能作出另一種選擇。
我願意作出另一種決定，因為我要活在平安中。
我無需感到內疚，因為只要我給聖靈機會，祂就會化解那錯誤決定所帶來的一切後果。
我決心放手，讓祂為我「選擇上主」。15

化解就是這麼簡單！《奇蹟課程》不是教你使用魔法移動家具的課程，儘管奇蹟超越了物理法則，奇蹟不受時間和空間的限制。

談到未來，《奇蹟課程》指出，我們無法知道明天或後天，乃至於五年後會發生什麼事，只有小我才會臆測明天的事。在天堂裡，我們把自己的未來交在上主的手中。聖靈會使我們的心靈，回復到完全信任的狀態，當我們以敞開的心活在今天，明天自然會適得其所。正如耶穌在「山上寶訓」中所言：「不要為明天憂慮，因為明天自有明天的憂慮。」

小我將它對真相的理解，建立在過去發生的事物上。小我將那些理解套用於當下，創造出一個和過去相仿的未來。如果我們認為，過去的自己是匱乏的，那麼對於未來的想像也會如此。由於匱乏已成為了我們的核心信念，未來一定會出現吻合這個信念的經驗。「**過去、現在與未來本非延續的，是你硬把它們串連起來的。**」[16] 當你認為過去的自己是匱乏的，你的未來就會建築在這份理解上。於是，我們會在當下，努力補償過去的欠缺。唯有請求聖靈的協助，我們才有機會切斷過去和現在的牽連，徹底放下。

奇蹟就是斷除過去和現在的牽連：擁抱新的人生，新的開始。我們渴望不受過去黑暗沾染的人生，我們有權利活在奇蹟裡，有權利得到徹底的釋放。這就是「耶穌洗淨了我們的罪」的意思，他徹底清除了缺乏愛的思想，讓我們拋棄將自己圈限在過去的各種批判（不論是對人或對事），拋棄所有抓著未來不放的執著。

小我的世界變幻無常，世事生滅不定，黑暗和光明相互更迭；天堂則是永恆平安的真實之境，「**天堂是恆常不變的，所謂重生於神聖的當下一刻，其實就是由無常解脫。**」[17]

聖靈所揭示的，是超越幻相世界的真實世界，那是需要透過另一種知見才看得見的世界。我們在幻相世界裡死去，是為了在真實世界裡重生。「**所謂重生，即是放下過去，不再以定罪的眼光看當前的一切。**」[18]時間的世界不是真實的世界，永恆的世界才是我們真正的家。我們正在回家的路上，前途一片光明。

復活

你的復活等於你的「再度覺醒」。[19]

我們的人生目標，是將內在最美好的東西催生出來。基督用小孩子的模樣來到世間，是因為嬰孩象徵著未受過去歷史或罪咎所雜染的純淨狀態。我們內在的基督小孩（Christ child）也是如此，祂沒有歷史包袱，象徵著人被賦予重新開始的機會。療癒過去的根本之道，在於寬恕並放下創痛。奇蹟志工明白自己的人生使命，是為了寬恕而來，透過寬恕將人們從集體的夢境中喚醒。

《奇蹟課程》提到，「**聖經僅僅提到亞當睡著了，卻不曾提到他的甦醒。**」[20]到目前為止，尚未出現「**全面的覺醒或全面重生的經驗**」[21]。在某個程度上，每個人都能為全世界的重生盡一份力。我們可以允許自己，從那充滿分裂和罪咎的夢境裡覺醒過來，釋放過去，接受當下新的人生。只有透過個人的覺醒，世界才能夠全面覺醒，因為我們無法給出自己沒有的東西。

宇宙好比一座花園，我們都被分派到花園的某個角落，等著去改變它。那角落正是我們的人生，我們的人際關係、家庭、工作，以及自己目前的遭遇。發生在我們身上的每一件事，都是聖靈設計的完美學習機會，為了讓我們學習愛和放下恐懼。不論你正置身怎樣的處境之中，你需要做的，就是好好療癒這個處境。淨化自己的想法，外境自然也會跟著淨化。真正需要改變的不是外境，而是**我們**自己。禱告，不是為了求上主轉化我們的處境，而是請祂轉化我們的心念。

改變自己就是最偉大的奇蹟，也是最終極的奇蹟。若非有此奇蹟，我們不可能從分裂之夢（dream of separation）中覺醒，轉變成另一個人。人們總在乎自己**做過**什麼，總喜歡問：我做得夠好嗎？我寫的劇本夠精采嗎？我創立的公司規模夠大嗎？然而，世界不會因為一本叫好的小說、一齣賣座的電影，或一個大企業而得救。只有越多美好的人出現，才能拯救世界。

雖然寶特瓶可以用來裝水，但若灌入的水量超過容量，瓶身便可能脹裂，我們也是如此。上主想將祂的大能灌入我們體內，但如果身為愛的管道的我們，尚未預備好自我療癒，那麼上主原本打算拯救我們的那股力量，將可能摧毀我們。創造的力量（我們內在的上主）猶如一把雙刃劍。接受上主的恩典，我們的創造力就會蒙受祝福；抗拒祂的恩典，我們的創造力可能會逼著自己走向瘋狂。

這就是為什麼許多富有創造力的人，最後會落入藥物成癮的原因之一，他們並未妥善運用上主的恩賜，反而讓那些恩賜蒙塵。上主的大能，會以一種無以名狀、無法理解的純粹靈性經驗進入我們，如果我們未能在它進入之前，先把自己預備好，就會被這個力量嚇到，寧可躲到藥物和酒精裡去，也不願接受當下正在發生的救恩。只有當我們飄飄欲仙的時候，才有勇氣說出自己被上主的力量澆灌的經驗。

《奇蹟課程》說：「**奇蹟是每一個人的天賦權利，但你需要先淨化自己的心靈**。」[22]不論是心靈或物質上的髒污，都會雜染我們的心靈，褻瀆內在的聖壇，使我們無法體驗上主的臨在。這好比靈性的水流向我們灌注過來，但我們的瓶身卻有裂縫而盛不住。這時，該調整的不是那股水流，因為上主早已衡量過我們能承受的流量，真正需要調整的是預備好自己去盛接。

《奇蹟課程》把我們比喻為，一群置身在一間敞亮房子中的人，這群人一邊用手摀住眼睛，一邊抱怨屋裡怎麼一片漆黑。光明早已降臨，我們卻雙眼緊閉。我們未能體認到，是自己先把光明視為黑暗，才會活在黑暗中的。

光明普照的當下，永遠是重新開始的機會。只有當我們回頭看時，才會認清在自己的人生、新的關係或其他的事上，都曾擁有過其他的選擇，無奈我們忙於應付過去，錯失了接納新事物的機會。

當我們誠實面對自己，問題就不再是究竟有沒有獲得過成功的契機，上主會不斷為我們開拓新的機會，祂給過我們很多機會了，但我們往往無意識地壞了自己的好事。我們自身的衝突能量，妨礙了一切。如果我們在新的處境中因循舊習，那麼向上主請求一段新的關係或新的工作，也不一定有所助益。除非我們先治癒自己的心魔、充滿恐懼的心理模式，否則新的處境一樣會淪落為往昔的痛苦戲碼。

做一件事的時候，我們的能量狀態會注入在行動之中。如果我們很瘋狂，我們的人生也會很瘋狂；如果我們很平靜，我們的人生就會跟著很平靜。我們的內在狀態會決定外在經驗，但外在經驗卻無法決定我們的內在狀態。而不論外境如何變動，我們的目標都只有一個，就是追求心靈的平安。

「十字架」（crucifixion）象徵著一股恐懼的能量，它說明了小我的狹隘及負面思考，以及總在追求狹隘、矛盾和徒勞的愛。「復活」則意味著愛的能量，它說明了愛已取代了恐懼。奇蹟志工的任務就是寬恕，當我們寬恕，就成為了散播復活的管道。

上主與人類是最佳的創造夥伴。上主就像電流，當房子裝好電線、通上電，卻沒有任何燈泡將祂展現出來，豈不枉然？如果上主是電，我們就是祂的燈。燈的大小並不打緊，造型也不重要，重要的是它是否有電；我們是誰並不重要，天分為何也不要緊，重要的是願意為上主所用。願心和堅定的信心，賦予我們奇蹟般的力量，那就是上主的僕人所帶著的印記。

沒有電的燈不會發光，沒有燈的電也不會發光。然而，當它們結合在一起，便能驅逐所有黑暗。

蛻變為成熟的人

上主的孩子，你是為了創造美善及神聖而受造的。23

當我們成為傳遞上主光明的純淨管道時，便會生出欣賞世界之美的能力。奇蹟志工的任務不是對抗世界，而是為邁向真實世界做準備。只處理問題的表徵，是無法根除問題的。以原子彈為例，假設我們致力推動和平，就算簽了連署書，也選出支持廢除原子彈的總統，但若是不除去內心的仇恨種子，問題還是會換湯不換藥地發生。一旦我們的下一代，或下下一代，心中懷有的恐懼和衝突未除，他們必定會再次製造出原子彈般的毀滅性武器。

物質世界裡的一切，可以誘導我們走向恐懼，也可以帶領我們走向愛，結果端看心靈如何利用那一切而定。雖然我們在幻相的世界裡運作（不論是政治、社會或環境上的），但心裡要明白，真正改變世界的不是作為，而是做事時當下的意識狀態。我們其實是在爭取時間，讓真正能改變世界的能量啟動。

就靈性的角度來看，奇蹟志工的目標如此崇高，這並不是說他們個人有多了不起。上主的救贖大業不是**你的**生涯、**你的**財富，或你在世間的任何經驗。你的工作、你的財富、你的才華、你的精力，以及你的人際關係固然都很重要，但只有當你將這些奉獻給上主，讓它們為上主的旨意所用時，它們才真正有價值。當我們成長到一個地步，願意放下自己不成熟的成見和膨脹的自我，就能超越自我中心的侷限，蛻變成成熟的人。

除非我們完全成熟，否則還會繼續做幼稚的事。我們總在擔心車子的貸款、工作前景、整形手術，以及生活中各種瑣碎的煩惱；不只這些，還要擔心紛紛擾擾的政治局勢，和每天都在擴大的臭氧層破洞。幼稚的意思是說，我們都太專注在那些根本不重要的事上，因而和真正重要的事失去了連結。

幼稚和赤子之心不同，赤子之心是保有靈性而柔軟的，是能夠對新觀點保持開放的「虛心」。赤子之心是我們把自己當成上主懷中的小孩子，學會後退一步，讓上主牽著我們向前走。

上主並未與我們分離，祂就是我們心中的愛。不論是內在或外在的問題，所有問題的起因，都是人們遠離了自己內在的「愛」。地球上，每天有三萬五千人死於飢荒，但全世界其實並不缺糧。我們該問的不是「什麼樣的上主會讓孩子挨餓」，而是「什麼樣的人會讓孩子挨餓」。

奇蹟志工需要做到的，僅僅是把世界交給上主，並從轉化自己的意識開始，以更慈愛的態度待人待己。如果我們憤世嫉俗地等著看世界崩潰，那麼就淪為製造問題的人，而不是解決問題的人。對上主來說，「**奇蹟沒有難易之分**。」[24]愛可以療癒所有傷痛；對上主來說，沒有什麼問題小到不配祂的垂聽，也沒有什麼問題大到祂無法處理。

世間的每一種體系（不論是社會的、政治的、經濟的還是生態的），都在人類的耗用下加速崩毀。有人認為，要拯救世界為時已晚，如果沒有奇蹟發生，可能就快沒戲唱了。很多人堅信，世界正無可避免地走向毀滅，因為從各方面看來，這個世界似乎都在走下坡。只有強大的反作用力，才能逆轉頹勢，而奇蹟就是這股反作用力。當愛的能量累積到一定程度，當世界上有足夠的人擁有奇蹟心志（miracle-minded），世界就會歷經一場徹底的轉變。

關鍵時刻已經來到。《奇蹟課程》告訴我們，你無法選擇自己要學什麼，但你可以選擇要透過痛苦來學，還是透過喜悅來學。我們**將會**學到如何彼此相愛，但是，究竟要痛苦地或平安地去學，完全取決於我們自己。如果我們繼續以充滿恐懼的方式生活，主張核子戰爭，那麼就算地球最後只剩下五個人劫後餘生，這五個人終究還是會學到人類該學的課題。他們最終必會面面相覷，然後說：「讓我們試著和平共處吧。」

在《綠野仙蹤》裡，當桃樂絲前往奧茲國的旅程結束時，好心的女巫告訴她，只要把鞋互敲三下，然後說：「我想回家！我想回家！我想回家！」她就可以省去在象徵希望的黃磚路上長途跋涉了。我想，桃樂絲聽了一定會生氣地說：「你怎麼不早點告訴我？」而女巫會說：「因為那時候，你絕對不會相信我！」

在古希臘悲劇裡，有一種常見的劇情設計叫「機器神」（Deus ex machina），意思是說，當故事情節走到悲劇性的最高潮，所有希望看來都已破滅時，某個神會忽然現身拯救世界。這當中有個很典型的啟示：在最後一刻，當一切看來已山窮水盡時，上主**確實**會出手相救。上主並非故意要捉弄我們，非得等到我們徹底絕望才展現祂的大能。祂等了那麼久才出現，是因為不到危急存亡之秋，我們根本不會想到祂。在那一刻，我們以為自己在等著祂，殊不知，是祂一直在等著我們。

重生

此即福音所言「溫良的人將要承繼大地」之意。這個力量會使他們所向無敵。25

如今，是我們實現目標的時候了——活在人間，但秉持著天堂之念。如此，天堂和人間將合而為一，不再是彼此分離的兩個境界。以奇蹟的方式來思考並不容易，因為長久以來，我們已經習慣屈服於恐懼。當無法放下那些充塞在心間的憤怒、嫉妒或創傷時，該如何讓奇蹟發生？答案就是，請求聖靈的幫助。

《奇蹟課程》告訴我們，很多事都可能會發生，只有一件事例外，就是呼求聖靈，卻得不到祂的答覆。《奇蹟課程》說，不怕我們向上主要得太多，只怕我們要得太少。每當我們感到失落、混亂或恐懼時，唯一要做的，就是尋求上主的協助。祂的協助也許不會以我們盼望，甚至渴望的方式現前，但終究會來，我們可以透過自己的感受，認出這些協助。因為在獲得幫助之後，我們會深感平安。

我們以為，生命可以區分成不同的部分，例如金錢、健康、人際關係等等，對某些人來說，甚至有一個叫「靈性生活」的類目。其實，只有小我才會把生命分門別類。我們生命中真正上演的戲碼，說穿了只有一齣，人們只是用不同的方式演出同樣的戲，那就是：我們離開了上主，然後有朝一日再回到祂身邊。

《奇蹟課程》說，我們以為自己有許多問題，其實問題只有一個。「拒絕愛」就是我們唯一的問題，而擁抱愛則是唯一的解答。愛能療癒所有的關係，包括：金錢、身體、工作、性、死亡，和自己以及和他人的關係。透過純粹的愛的力量，我們放下了過去的種種，從而重新開始。

如果我們把奇蹟原則視若玩具，它們就只會是我們人生裡的玩具；如果我們把奇蹟原則視為宇宙的力量，它們便能為我們效力。過去的一切，都過去了！我們是誰，從哪裡來，媽媽說過什麼，爸爸做了什麼，我們做錯過什麼，罹患過什麼疾病，或曾覺得多麼沮喪等等，這些都不再重要。就在當下這一刻，我們可以改寫未來。

我們不需要另一堂課、另一個學位、另一世人生，或任何人的許可，才能改寫未來。唯一要做的是請求奇蹟，然後允許奇蹟發生，而不是抗拒奇蹟。我們可以擁有新的開始、新的人生，我們的各種關係、工作、身體和這整個地球，都可以煥然一新。願上主的旨意行在地上，如同行在天上。不是以後，而是現在；不在他方，而在此處；不是透過痛苦，而是透過平安。讓我們勇往直前吧！阿門。

第二部

奇蹟的實踐

第六章 關係

聖靈之殿不是一具身體，而是一種關係。[1]

神聖的會晤

無論你遇到什麼人，應牢牢記得這一會晤的神聖性。你如何看他，你就會如何看自己。你如何待他，你就會如何待自己。你如何想他，你就會如何想自己。千萬不要忘了這一點，因為在他身上，你若不是找到自己，就是失落自己。[2]

在修習《奇蹟課程》之前，我涉獵過一些靈性和哲學書籍。那些書，像是帶我攀往內心宏偉教堂的階梯。只不過，當我爬到階梯頂端，卻發現教堂大門深鎖。幸好，《奇蹟課程》給了我開門的鑰匙。這把鑰匙說來簡單，就是「別人」。依據《奇蹟課程》的觀點，天堂不是某種境界，也不是一個地方，而是「**對一體生命的圓滿覺悟**」[3]。由於天父和聖子是合一的，愛其中一個，就等於愛了另一個。上主的愛不在我們身外，而在我們心中。

在歌劇《悲慘世界》裡，有一句對白是這樣說的：「愛一個人，就是看見神的聖容。」每個人都戴著一張面具，面具底下是「**基督的聖容**」（face of Christ）[4]。基督聖容是每個人純潔無罪的神聖本質，是我們的真實身分。在別人身上看見基督聖容，並觸及隱身其後的愛，就是在體驗上主。

每一段關係中，每一個時刻裡，我們不是在教人愛，就是在教人恐懼。「**教人，其實就是以身作則。**」[5]當我們以身作則教人愛，就會學到自己也值得愛，以及如何更深地去愛人；當我們以身作則教人恐懼或負面的心態，就是在學自我譴責，進而對生命產生更多的恐懼。我們總是在學自己選擇要教人的東西，正所謂「**觀念離不開它的源頭**」[6]。這就是為什麼說，我們永遠都是上主的一部分，而我們的想法永遠都是自己的一部分。

關係的功用，是為了加速我們邁向上主。當我們臣服於聖靈，讓祂看顧我們的知見時，人與人之間的相遇，便成為和完美上主之子的一場神聖會晤。《奇蹟課程》說，我們遇到的每一個人，若不是我們的十字架，就是我們的救主。最後的結果，端賴我們選擇如何看待對方而定。不放過別人的過錯，只會讓自我憎恨的釘子，更深地扎進我們的肉裡去；專注在他人的純潔無罪上，則能釋放我們自己。既然「沒有任何想法是中性的」，那麼每一段關係都可以讓我們更接近天堂，或更深陷地獄。

關係裡的寬恕

只有寬恕消除得了橫梗在你與弟兄之間的障礙。7

《奇蹟課程》是一門要應用在生活中的課程，它的目標就是得到內在的平安，而寬恕是邁向內在平安的關鍵。寬恕可以被視為一個讓我們的思考，從恐懼轉變為愛的心理技巧。我們對別人的看法，往往是小我和聖靈之間的交戰。

小我喜歡審判別人，而聖靈渴望接納別人。小我善於找碴，總是不斷挑剔別人和自己的過錯；而聖靈只看得見我們的純潔無罪，只認得我們的真實樣貌（就是上主的完美創造），在聖靈的眼中我們是那麼可愛。我們或許養成了拒絕愛的性格，但那不是我們的錯，是我們的創傷使然。上主並不想懲罰我們，祂只想療癒我們，也希望我們能正視別人的創傷。

寬恕是一種「**篩選的記憶**」8。這意思是說，我們可以有意識地決定只擁抱愛，而將其餘的全都放下。然而，小我總是毫不留情，「**小我在最好狀**

態下，只是猜忌狐疑，最壞狀態便會心狠手辣。」[9]小我喜歡基於自我保護的理由，把別人推出我們的心。小我的立論基礎是「**上主之子真的犯了罪**」[10]，而聖靈則教導我們著眼於「**上主之子的純潔無罪**」[11]。

身為奇蹟志工，要有意識地邀請聖靈進入我們的每一種關係內，幫助我們釋放掉愛審判對方、責備別人和找碴的習氣，看見他人純潔無罪的本質。如此，我們才可能看見自己的純潔無罪。

當我們說：「親愛的上主，我把這段關係交給你。」意思是，「親愛的上主，請讓我從祢的眼光去看對方。」接受「救贖」意味著，請求上主讓我們像祂一樣地去看、去思考，以及去愛。我們請求上主的幫助，請祂讓我們看見某個人的純潔無罪。

有一次，我和家人去歐洲旅遊，出門前我和母親說好了要和諧相處，但由於彼此攻擊和防衛的積習難改，最後還是擦槍走火。她想要一個聽話的乖女兒，而我想要一個開明的母親。我想隨機從《奇蹟課程》中找一句話來安慰自己，但每次都翻到同一個章節，上頭寫說：「**不妨捫心自問一下，你有多少想法是上主想都想不到的，又有多少念頭是上主願你想而你不願去想的？**」[12]於是，我自問，我的念頭究竟是從哪裡開始偏離上主的。這真令人抓狂！我當時最想聽到的，是支持我的自我防衛的話，而不是錯的是我的這種論調。

後來，我在望著威尼斯的聖馬可廣場時，認真地看著母親，並對自己說：「的確，上主並沒有看著我母親然後心想，瑪莉安的母親蘇菲安真是個討厭鬼。」我瞭解到，要是自己繼續用這種眼光看待母親，繼續著眼於她的過錯上，我就不可能得到心靈的平靜，因為我沒有和上主共享祂的知見。在那一刻，我放下了自己緊抓不放的東西——投射在母親身上的罪咎。從那一刻起，我和母親的關係就奇蹟似地轉變了。奇妙的是，母親比從前更善待我，我對她也是。

要寬恕沒惹我們生氣的人還容易，要寬恕惹火我們的人可就難了。然而，我們最重要的人生導師，往往是那些真正惹毛我們的人，因為他們讓我們看見自己寬恕的極限，「**心懷怨尤等於打擊上主的救恩計畫。**」[13]當我們決心放下對他人的不滿，就等於決心要看見自己的真相。當我們允許黑暗遮住別人的完美，黑暗也會阻礙我們看見自己的完美。

當無論用倫理、道德或美德的標準去衡量，都覺得某人當受責難時，這時要放下對他的批判是相當難的。這時候，《奇蹟課程》會問我們說：「**你**

寧願自己是對的，還是寧願自己幸福？」[14]你若批判了弟兄，就算你原本是對的，也變成錯的了。

過去，我很難放下對別人的批判，心智總會抗議說：「明明我才是**對的**！」我總以為，放下批判就等於是同意了別人的行為；我總覺得，總得**有人**出來主持正義吧！如果每次都默默原諒的話，是非公道不都要隨之瓦解！

但是，上主並不需要我們當世界糾察隊。定罪別人，並不會幫助他轉變，批判只會讓他們更動彈不得。我們揮手反對某人（無論是實際上揮著手反對，或只是一個比喻）此舉，是否出於希望他修正錯誤的願心？比起批判，用慈愛和寬恕去回應別人的過錯，反而會得到更好的結果。因為對方比較不會起防衛心，才比較可能敞開心胸地修正自己。大多數的人，幾乎都能察覺到自己的情緒狀態，在心情不好的時候，知道該怎麼處理情緒是相當重要的。當情緒升起時，我們需要的是幫助，而不是被攻擊。而寬恕會營造出讓人更願意改變的環境。

寬恕，是選擇看見人們**當下**的面貌。我們之所以生某人的氣，是因為他在這一刻之前做了或說了什麼。但是，他說了或做了什麼，並不是他的真相。當我們放下對弟兄過去的知見，我們之間的關係就得以重生。把過去帶進當下，就會創造出和過去一樣的未來。唯有釋放過去，才有空間容納奇蹟。攻擊某位弟兄，就是在定他過去的罪。我們越想定弟兄的罪，就會經歷越多自己的內疚。放下過去，就是記得弟兄在當下是純潔無罪的。真正的寬宏大量意味著，就算一個人未能表現出自己的純潔無罪，我們仍能以他純潔無罪的真相來接納他。

只有愛才是真實的，其他的一切都虛幻無比。一個人的行為若缺乏愛心，原因勢必是出於根本不存在的恐懼。恐懼是一種幻覺，而你有能力寬恕恐懼。事實上，寬恕並不需要一個對象，寬恕僅僅意味著分辨真實與虛幻的能力。

人們的行為若缺乏愛心，表示他們忘了自己是誰，他們內在的基督睡著了。而奇蹟志工的任務就是保持覺醒，選擇不再沉睡，也不再去夢見弟兄的罪。唯有如此，我們才被賦予喚醒他們的力量。

奇蹟志工的代表人物之一，就是「快樂小天使」寶琳娜（Pollyanna，譯註：迪士尼公司一九六〇年的電影，由美國小說家Eleanor H. Porter名著《寶琳娜》改編而成）。小我很瞭解寶琳娜的力量所在，這就是寶琳娜一直和現有文化格格不入的原因。當寶琳娜進入一個所有人都悶悶不樂的新環境時，她選擇不去看壞的一面，她對混亂背後隱藏的光明深具信心。她的知見穿透了肉眼所見的一切，著眼於每個人的本來面目。

對寶琳娜來說，別人的言行並不重要，她知道每個恐懼背後都藏著愛，而她對這份愛深具信心。她的人生使命是喚醒人們把愛表達出來，而運用的正是寬恕的力量。在短短的時間內，鎮上的人全都變得友善而快樂！每當有人告訴我說：「瑪莉安，你就像寶琳娜一樣。」我心裡都會想著，「但願我真能如她一般充滿力量。」

放下批判

審判並不屬於上主的本性。15

《奇蹟課程》說，當我們企圖攻擊某個人，就像是在他頭上方舉著一把劍。但是，這把劍最後不會落在他頭上，反而會落在我們自己頭上。既然我們所有的念頭都和自己有關，那麼譴責別人就等於是譴責自己。

該如何擺脫定罪別人的習慣呢？只要重新詮釋你想定罪的對象，就行了。《奇蹟課程》描述過「罪過」（sin）和「過錯」（error）的區別，「罪過的意思是，我們做了一件非常惡劣的事，使上主為此發怒。」但是，無論我們做什麼都改變不了純潔無罪的本性，所以在上主眼中，根本沒有罪。唯一真實的只有愛，其餘的都是幻相。上主之子可能犯錯，但不可能犯罪。這句話是真實不虛的，我們確實是如此。

上主看待錯誤的態度，只是想要療癒我們。真正愛生氣和渴望懲罰的是我們自己，所以才捏造出一個憤怒又會懲罰的上主形象。我們是上主的延伸，被創造得跟祂一樣，都是慈愛的靈性。當我們回歸正見（right mind），就不會想批判別人，而會去療癒別人。透過寬恕，我們能做到這一點。當某人做出缺乏愛的行為，像是對我們吼叫、欺騙我們，或從我們身上奪走東西時，他們就和自己的生命本質失去了連結，忘記了自己是誰。

依照《奇蹟課程》的觀點，一個人的行為不是在表達愛，就是在呼求愛。若有人用愛心對待我們，那麼用愛回應再適合不過；但若是出於恐懼，我們就應該把那些行為看成是在呼求愛。

美國的獄政體系說明了，混淆「罪過」和「過錯」這兩個概念的後果。我們通常把受刑人看成是罪人，覺得坐牢是他們罪有應得。但是，我們怎樣對待別人，就是在怎樣對待自己。從統計數據看來，我們必須沉痛地承認，監獄是罪的溫床。絕大多數的受刑人，都曾在監獄裡服刑過。

懲罰別人，最終受罰的是我們自己。這並不是說，我們應該原諒強暴犯，體諒他們的日子不好過，然後就放他們回家。當然不是這樣！該做的是祈求奇蹟發生。在這裡，奇蹟是指改變我們對監獄的知見，把原先視監獄為處分所的看法，轉化為一個能讓人重生的地方。當我們有意識地從恐懼轉向愛，改變對服刑的看法，便能釋放療癒的機會。

寬恕，就像是意識的功夫。在合氣道或一些武術裡，首重的是四兩撥千金、借力使力，而不是去硬碰硬。這時，攻擊的能量便像迴力鏢一樣，反朝攻擊者的方向逆襲，而我們的能量則能持盈保泰。寬恕的運作，也是如此。

防衛就是一種攻擊，當我們反擊，就是選擇和對方開打一場沒有贏家的戰爭。不是出於愛的，就不是真實的，我們不會受到那些事的影響。問題是，我們當真了，自認會受到那些事的影響。不要把生活裡的爭鬥當真，而要請求奇蹟發生，讓奇蹟帶著我們越過那些幻相。

《聖經》裡有一句話，「主說，申冤在我。」這意思是，「放下申冤的想法」。上主必會除去所有的過錯，但不是透過攻擊、批判或懲罰。有時候，我們會迷失在自己的情緒裡，認為自己有十足的理由去批判別人，但實際上，「義怒」（righteous anger）這種事根本不存在。

我小時候，會和哥哥或妹妹打架，每當母親回到家時，總是被這些爭執惹得心煩。去找母親告狀時，我們之中一定會有人說：「是他們先開始吵的！」說實在話，誰先開始的並不重要。無論你是主動攻擊或是被動反擊的那一方，都已經淪為攻擊的工具，而不是表達愛的工具。

前幾年，我在一個雞尾酒會上，被捲入一場有關美國外交政策的激辯之中。那天晚上，我做了一個很清楚的夢。在夢中，一位紳士出現在我面前，對我說：「威廉森小姐，很抱歉冒昧打擾，但我們認為應該對你實話實說。在整個宇宙的名單中，你是被歸類為鷹派，而不是鴿派。」

我聽到簡直氣炸了，憤慨地回說：「不可能！我全然支持和平。」

「恐怕不是這樣。」他說：「你的資料上面說得很清楚：瑪莉安．威廉森是個好戰份子。你正在和雷根、溫伯格（Casper Weinberger）（譯註：雷根時期的國防部長）以及中情局奮戰中，也在和整個美國外交體系抗戰。很抱歉，你是一個不折不扣的鷹派人士。」

當然，我知道他是對的。我頭腦裡部署的飛彈數量，和雷根頭腦裡的一樣多。我認為雷根對共產黨員的打壓是錯的，卻認為自己對他的批評再正確不過。為什麼？當然是因為我才是**對**的！

一個憤怒的世代，是無法為世界帶來和平的。在我還不明白這道理之前，曾經有過很長一段時間一直是個左翼人士。我們所作的每一件事，都帶著我們做事時的能量狀態。誠如甘地所說：「我們必須**是**改變本身。」小我不願我們看清，我們最該銷毀的不是別人手中的槍，而是自己腦中的槍。

選擇去愛

小我代表你已選擇了罪咎，聖靈則代表你選擇了無罪。16

小我總是在意，別人做錯了什麼；而聖靈在意的，是別人做對了什麼。《奇蹟課程》把小我比喻成一隻「餓犬」，不放過任何弟兄有罪的證據，再把證據叼到主人的腳下。聖靈做的事也很類似，只不過祂是差遣自己的使者去尋找弟兄的純潔無罪。

有一點很重要，就是在我們看見某事之前，已經決定好自己要看見什麼，而且一定看得到，這就是所謂的「**投射形成知見**」17。無論我們的人生在尋找什麼，都**會**（而且也一定會）找到。《奇蹟課程》告訴我們，人們認為自己必須先充分瞭解一個人，才能判定對方是否值得我們的愛。但實際情況是，除非我們先去愛，否則永遠也不可能瞭解對方。

在靈性的旅程中，我們必須有意識地對想要理解的事物（例如，弟兄的罪或純潔無罪）負起責任。如果，純潔無罪是我們唯一**想**從弟兄身上看見的，我們就會看見。「人不是完美的」這句話，意思只是說，人們尚未將內在的完美表現出來。要去看弟兄的罪，還是他們靈魂裡的純潔無罪，都取決於我們自己。

罪的背後是恐懼，所有的負面情緒都源自恐懼。當某人生氣時，其實是在害怕；當某人行為無禮時，其實是在害怕；當某人的掌控欲很強時，其實是在害怕；當某人使出殘忍的手段時，其實是在害怕。然而，愛能化解一切恐懼。沒有任何負面情緒，是寬恕無法改變的。

黑暗，只是光明的不在；恐懼，只是愛的不在。用力揮舞球棒不可能驅走黑暗，因為根本沒有打擊的對象。想要擺脫黑暗，就要轉身迎向光明。我們沒辦法用對抗的方式擺脫恐懼，只能用愛取代恐懼。

選擇愛並不容易，因為小我不願放下對於別人恐懼的回應。然而，這正是聖靈登場之處。想要改變知見，無須靠自己孤軍奮鬥，我們可以請求聖靈，來幫助我們轉化那些知見。

比方說，你丈夫因為另一個女人而離開你。對於這件事，你不能改變別人，也不能求上主改變他們。但是，你可以請求上主，幫助你用不同的眼光看待這整件事。你可以祈求心靈的平安，請聖靈引導你看見真相。奇蹟就是當你放下對丈夫和那個女人的批判時，心中的痛便煙消雲散了。

小我也許會慫恿你說，除非丈夫回到你身邊，否則你永遠得不到平安。但是，平安不是由外境來決定的，平安來自寬恕。我們之所以痛苦，不是因為別人拒絕我們的愛，而是我們拒絕接受別人的愛。

在剛剛的舉例裡，表面上看來，是別人害我們受傷，但事實是某個人封閉了他的心，使我們也跟著封閉起自己的心。是我們拒絕接受愛，才讓自己受傷害。所謂的奇蹟，指的就是我們思考方式的轉變。無論外在發生了什麼事，我們都願意敞開心去愛，這就是奇蹟。

奇蹟隨時可能發生。除了我們自己，沒有人可以決定該怎樣詮釋我們的經驗。人只有兩種情緒：愛和恐懼。而恐懼，只是在呼求愛。《奇蹟課程》說，慷慨給予的奇蹟志工反而自己獲益最多，因為釋放別人，自己才能重獲自由。

小我總是教我們，把憤怒投射到別人身上，以為這樣就可以擺脫憤怒了。但是，所有心靈都是相連的，無論我們投射出什麼，最終還是會回到自己身上。生某人的氣也許能換來一時舒服，但所有的恐懼和內疚，依然扎根在我們心裡。我們批判別人，別人也會批判我們。就算別人並沒有批判我們的意思，**我們還是會覺得自己被批判了！**

活在這世上，我們都被制約以違背天性的方式去回應別人，總是輕易跳進憤怒、被害妄想、自我防衛或其他的恐懼形式裡。對我們而言，違背本性的思想反倒變得自然，隨順本性的思想反而變得不自然。

《奇蹟課程》並不是要我們粉飾太平，假裝不生氣。否認和壓抑都是不健康的，當你的內在十分激動時，你不會說：「我不生氣，我真的沒有氣，我在修《奇蹟課程》，我一點都不生氣。」聖靈告訴我們：「你不需要等淨化好自己之後，才來到我的面前，因為我才是那施予淨化者。」

有一次，我在前往一場《奇蹟課程》講習的路上，忽然想起一個總是讓我心煩的女人。我試圖隱藏這個念頭，覺得自己在這個時間點上想這件事，好像不夠神聖。突然，一個聲音闖進我腦海，「嗨，還記得我嗎？我是你的朋友。」聖靈並沒有因為我的憤怒而批判我，祂要幫助我釋放憤怒。

我們絕不能忘記，聖靈所為何來。心情沮喪時，不用否定這個情緒，只要記著，這感受來自缺乏愛的思想，而我願意療癒它。成長，從來不是去論斷別人的人生課題，而是專注在自己的課題上。我們不是外在世界的受害者，我們有權選擇自己看待事情的方式，雖然有時候覺得難以接受。若不是因為我們需要，世上何需出現救主。當然，人間有很多讓我們難以去愛的事，但是，我們內心的聖靈就是為了這些難愛之事而來。祂會給我們力量，當祂與我們的心靈合一，小我的思想就被驅逐出境。

留意小我的感受，是為了釋放它們。「**祂無法用光明驅散你存心隱藏之物，你若不願自動獻出，祂絕不會由你手中奪走的。**」[18]聖靈無法在未徵得我們同意之前，便逕自轉變我們的心理模式，因為那樣妨礙了我們的自由意志。但是，只要願意請求祂的協助時，祂必垂聽。無論是為什麼生氣或沮喪，都可以說：「我很憤怒，但我願意放下憤怒，我願意用不同的方式看待這個狀況。」然後，請聖靈進入這個狀況中，帶我們從不同的觀點看。

有一次，我在做指甲美容時，美容師的一個朋友走進房間。我實在無法忍受那個女生的音調，她的聲音就像用指甲刮黑板一樣尖銳刺耳。我覺得極不舒服，但是因為指甲還沒做好，暫時無法離開。我對自己當下的反應感到羞愧，因為這位美容師還來聽過我的演講。

於是，我祈求上主的幫助，而祂的回應非常出人意料。不久後，這個「討人厭」的女人開始談起她的童年，尤其是她和父親的關係。聽到她描述自己的成長過程時，我完全理解了她自尊心如此低落，所以需要裝腔作勢說話的原因。那是她慣常獲取力量的方式，但這個防禦工事顯然沒起什麼作用。因為防衛是出於恐懼，而恐懼只會讓人更退避三舍。

五分鐘之前，她那讓我惱怒的行為，現在卻讓我油然而生慈愛。聖靈為我點出的故事融化了我的心，突然間，我能用不同的方式看待她了。這就是奇蹟之所在——她的行為並沒有改變，但是**我**改變了。

教學的次第

因此，這計畫會為每一位上主之師安排某種特殊的際遇。19

「關係」是我們的人生課題，是我們邁向開悟最重要的部分。聖靈的任務，是讓每個靈魂都邁向覺醒，並把愛推恩出去。關係是聖靈給我們的個人作業，祂會把最有利於彼此成長的人配對在一起。祂會在人群中評估，誰和誰在特定時間內能夠學到最多。聖靈就好比一台宇宙大電腦，深知在某一段時空中，哪一種能量組合最能推動上主的救恩計畫。人和人之間的相遇，都不是偶然的。「**註定要相逢的就會相逢，因為這一會晤將為他們開啟神聖關係之門。**」20

《奇蹟課程》說，人和人之間的關係有三種教學的次第。第一種是一般的相遇，例如兩個一起搭電梯的陌生人，或「偶然」從學校一起走路回家的學生。第二種是「**比較持久性的關係；雙方會在某一段時空進入比較緊密的教學關係，相聚一段時間，又好似分道揚鑣了。**」21而第三種是，一旦關係成立之後，便會維持一輩子。在這個次第裡，「**每一方都會得到一位特定的學習伴侶，他們為彼此提供的學習機會是不可限量的。**」22

在第一個次第中，電梯裡萍水相逢的人或許會相互微笑，一起回家的學生可能會成為朋友。就算是這麼平凡的相遇，也有很多讓我們磨去個性稜角的機會。所有在相遇中，呈現出來的個人缺點，都無可避免地將會在更緊密的關係裡放大。如果我們連好聲好氣地跟銀行行員說話都辦不到了，如何能滿懷柔情地對待心愛的人。

在第二個次第裡，人們為了更高難度的課題而聚在一起。人們會一起歷經一些經驗，好為下一階段的人生課題預做準備。當他們的互動，不再有益於最高次第的教學時，便是分離的時刻。表面上看來，這形體的分離像是一段關係的結束，但實際上並不是。

關係是永恆的，它屬於心靈層次而不屬於肉體層次，因為人是能量，不只是有形的物質。身體的結合可能是真正的結合，也可能不是，真正的結合是視心靈而定的。同床共枕二十五年的人，未必真能心有靈犀；而相隔千里之外的兩個人，可能根本不曾分開過。

我們常會看到，一對分居中或已離婚的夫妻，他們都傷心地認為彼此的關係很「失敗」。其實，如果兩方都學到了該學的功課，那就是一段成功的關係。如今，分離時候已到，彼此都要用不同的方式，再去學其他的功課。我們不僅會從其他地方和其他人身上學到功課，還能藉由釋放既有的關係形式，學到和純粹之愛有關的人生課題。

第三個次第，也就是持續一輩子的關係，已經越來越少見了，因為「**這種條件意味著雙方在教與學的互惠關係上勢均力敵得近乎完美**」[23]。一般來說，我們認不出一起學習第三次第課題的對象，甚至可能對他們充滿敵意。值得花一輩子同修人生課題的人，往往是迫使我們成長的人。

有時候，他們會和我們一起分享生命之愛；有時候，他們就是我們長期、甚至永遠的眼中釘。雖然可以從和這些人的關係裡學到很多，但並不表示我們會喜歡他們。教我們最多的人，往往是最能反映我們愛的侷限的人，他們會有意無意地挑戰我們的恐懼思想，指出那面阻礙我們前進的牆。那些牆象徵我們的創傷，我們認為自己的愛無法超越那些牆，無法與人再有更深刻的連結；我們認為自己無法寬恕過去。我們之所以進入彼此的人生，就是為了幫助彼此看見自己最有待治癒的部分，並支持彼此療癒。

特殊關係

「愛的特殊關係」是小我害你自絕天堂之門的利器。24

每個人都想找到「對的人」，這種心理幾乎是一種集體的渴望。但是，依《奇蹟課程》的觀點，「**孤注一擲**」25地尋找那完美的另一半，正是我們最大的精神創傷之一，也是小我最有力量的幻想。《奇蹟課程》稱這種想法為「**特殊關係**」（the special relationship）26。雖然「特殊」這個字常指涉一種美好的感覺，但是在《奇蹟課程》看來，特殊意味著「不同」，也就是分別心，那是小我的特性，而非靈性的特質。簡單地說，特殊關係就是以恐懼為基礎的關係。

上主只創造了一個聖子，祂一視同仁地愛所有的人。在祂眼中，沒有誰是不同或特殊的，也沒有誰和其他人是分隔的。我們的平安，有賴於像上主一樣地去愛，我們必須學著愛每一個人。我們渴望找到一個「特殊的人」，以為聖子奧體（Sonship）的「某一部分」可以讓我們完整。這個虛妄的想法，讓我們困在分裂中尋找救贖，而不是在合一中尋求救贖。

唯一能讓我們圓滿的，是上主的愛，而祂的愛就是愛所有的人。這不是說，我們和別人在關係的「形式」上要維持一致；而是即使在不同的關係形式裡，都應該尋求相同的「內涵」。那內涵存在著弟兄們的手足之愛與友誼，超越了形式和身體的隔閡。

「聖靈是上主治癒分裂的解藥，特殊關係則是小我對抗聖靈的計策。」在心靈分裂後，我們開始感覺到內在有一個巨大的洞，至今仍有很多人，依稀感覺得到那個洞的存在。接受救贖、重回上主的懷抱，是療癒這個分裂之痛的唯一方法，因為我們的痛苦，都是源於自己對愛的抗拒。

小我則告訴我們，我們需要的愛在另一個人身上，在世界的某個角落，有一個特殊的人可以填滿我們內心的洞。我們對這人的渴望，反映出「自己和上主是分裂的」的內在信念。對特殊關係的渴望本身就是分裂的標誌，而我們的內疚會因此被挑起。我們在尋找這個人的過程，帶著的盡是分裂的能量。這就是我們會把憤怒，發洩在和自己最親密的人身上的原因。我們氣自己切斷了愛的連結，卻把這股憤怒投射到別人身上。

《奇蹟課程》說，當我們覺得自己和某個人「墜入愛河」時，那往往不是真正的愛。因為特殊關係是以內疚為起點，而不是以愛為根基。特殊關係是小我引誘我們遠離上主的手段，是偶像崇拜的主要形式。在其中，我們誤以為某個人比上主更能讓我們完整，更能帶給我們平安。小我告訴我們，那個特殊的人可以使我們的痛苦都消失不見。我們不全然相信小我，但又矛盾地接受了它的說詞。

這樣的觀念充斥在我們的文化中，透過書籍、歌曲、電影、廣告，以及和其他的小我共謀，不斷輸入我們腦中。聖靈的任務，是轉化特殊之愛的能量，讓我們的關係從特殊關係轉化為神聖關係。

特殊關係會蒙蔽我們的眼睛，讓我們把某個人的行為、選擇，以及對我們的評價，看得過度重要。特殊關係讓我們誤以為，有了另一個人才算圓滿，但事實上，我們自己就已經圓滿無缺了。特殊的愛是「盲目」的，不能幫我們看見並療癒內在創傷，它意味著我們和上主之間存在著一道鴻溝。但是，這鴻溝根本不存在。我們幻想這鴻溝存在，企圖用另一個人來替代愛的源頭——上主。我們於是創造出種種，逼使自己尋求解脫的痛苦經驗。

在聖靈的引領下，我們在一起共享喜悅；在小我的引領下，我們在一起共享絕望。然而，所有負面想法都是無法分享的幻相，因為「**特殊關係所標**

榜的合一排斥了真正的合一」27。

關係的意義，不是為了讓兩個情感受創的人黏在一起，也不是讓兩個不完整的人合而為一，而是兩個完整的人相聚，一同見證上主的光輝。

特殊關係是小我的伎倆，用來分裂而非凝聚我們。那是出自匱乏的信念，總是在問：「我能從中得到什麼？」聖靈卻會問：「我能從中給出什麼？」小我要我們利用別人，來滿足自己的需要。有很多人，不斷在討論這個問題：「關係究竟有沒有滋養我們的需要？」若企圖用一段關係來滿全自己，便會離愛越遠，因為那會強化了自己的幻相。在小我的慫恿下，我們不停在向外尋找愛的替代品，又在找到後，親手毀了它們。

有一天，一位女性友人打電話給我，告訴我說，自己和一個很喜歡的對象約會了。隔了一週，她又打來說，對方為了去度假而取消和她的約會，所以她打算不再理他。她告訴我說：「我才不會讓任何人這樣對我。我已經準備好要經營一段認真的**關係**了。」

「不，你還沒準備好要經營一段關係。」我說：「除非你能允許對方犯錯，否則你就還沒準備好。」

她的小我告訴她，要拒絕這個男人，因為她已經準備好要開始一段關係了。但實際上，小我真正的目的，是不讓她擁有任何關係。小我要的，不是一個愛的對象，而是一個攻擊的對象。它對愛的建言是，「**去找，但不要找到。**」[28]小我尋找的是，遮蔽基督聖容的另一張面具。

在特殊關係裡，我害怕讓你看到我真實的面目，包括我的恐懼和軟弱，因為擔心你一旦看到，就會離開我。於是，我假設你像我一樣愛評判人，所以也不急著看見你的弱點，因為當想到自己是和一個有弱點的人在一起時，就會感到不安。這整個狀態阻礙了真實的呈現，也阻礙了真正的成長。特殊關係透露出我們深藏的自我懲罰傾向，為了吸引愛，我們拚命裝出不真實的自己。在這種情況下去找愛，只會助長自我憎恨和低落的自我價值感。

關係中的奇蹟在哪裡呢？就是把追求特殊性的想法，轉化成以神聖性為重的想法。一談到關係，無論掩飾得多好，內心布滿的那些恐懼都可能會以攻擊、防衛、內疚和自私等方式表現出來，而我們往往選擇屈服於恐懼。然而，這正好是我們最佳的下手處。我們可以請求上主，來指引我們的思想和感受。你可以把所有的關係都交在聖靈的手中，請求祂的眷顧，去相信這些關係絕不會為你帶來苦果。

神聖關係

你舊有的不神聖關係必須脫胎換骨，才能在你新的眼光下煥然一新。29

如果特殊關係是小我抵抗聖靈的策略，神聖關係就是聖靈對小我的回應，神聖關係是特殊關係脫胎換骨後的產物。在特殊關係中，小我誘導兩個人在彼此的恐懼中相遇，然後形成諜對諜的關係。但是，在神聖關係裡，聖靈已經修正了雙方心靈對愛的知見，因此能彼此坦誠相待。

《奇蹟課程》描述了不神聖聯盟（alliance）和神聖聯盟之間的差異：

不神聖的關係就是建立在這個差異性上，雙方都認為對方擁有自己所缺之物。他們聚在一起，純是想要掠奪對方，滿全自己的需求。這關係會持續到他們認為對方已經沒有東西可偷了，才會分道揚鑣。他們就這樣在一個處處是陌路與異類的世界流浪，即使棲身在同一屋簷下，也得不到庇蔭；即使住在同一房間，也像活在不同的世界裡。30

神聖關係的出發點則完全不同。每個人都會朝自己心內看，卻看不到任何欠缺。他們必須先接受自己的圓滿，才可能和其他同樣完整的生命結合，使這一圓滿生命不斷延伸。31

特殊關係的目的在於教人自慚形穢，神聖關係則是為了療癒自我憎恨而來。在特殊關係中，我們會隱藏自己的缺點；在神聖關係中，由於對自己的尚未治癒瞭然於心，深知療癒正是自己和另一個人在一起的目的，所以不會隱藏自己的軟弱，反而會透過一次又一次的寬恕，讓療癒完成。亞當和夏娃雖然在伊甸園裡赤身裸體，但他們並不覺得羞恥。赤裸的，不是指他們的身體，而是他們不設防的感情。他們真實地面對對方，沒有任何尷尬，因為先全然接納了真實的自己。

《奇蹟課程》有一個比喻說，特殊關係就像是一幅被畫框囿限的畫作。畫框代表我們普遍擁有的「觀念」，認為在某個地方，有一個完美的人能「修補」我們的一切，而畫的本身則代表我們。小我對畫框的興趣，遠超過對畫的興趣，那畫框要是華麗的巴洛克風格，上面飾有紅寶石和鑽石等珠寶。但是，《奇蹟課程》卻說，那些紅寶石是我們的血，鑽石是我們的眼淚，這就是特殊性（specialness）的本質——不是真愛，而是剝削。

我們以為的愛，其實常常是恨，充其量只能稱為掠奪。我們也許沒有意識到，自己在尋尋覓覓的人，通常擁有我們自認缺乏的東西。一旦從他們身上得到所需之物，我們就準備要轉身離開了。但是，在神聖關係中，我們在意的是畫作本身，畫框只不過是用來把畫固定好的配件。換言之，我們在意的不是弟兄能為我們做什麼，而是在意弟兄本身。

在神聖關係中，兩位弟兄之間的友誼才是最重要的。我們來到世上，不是為了評斷另一個人，或定他的罪，也不是為了利用別人來圓滿自己小我的需求。我們來到世上，不是為了去修補、改變或貶低另一個人，而是為了支持、寬恕和療癒另一個人。

有一次，我為一對夫妻諮商，他們的關係正處於混亂的低潮。那位丈夫已經有外遇對象，所以太太怒不可遏。在談話的過程中，她和他談起那名外遇對象，太太說：「你喜歡她，只是因為她一直說你很**棒！**」先生聽了後，非常嚴肅地說：「是的，我想這對我很重要。」

我們該如何建立神聖關係？方法不是請上主改變我們的伴侶，而是請上主轉變我們自己的心念。不必因為害怕特殊性，就遠離某個吸引我們的人，儘管愛苗可能提供讓特殊性茁壯的機會。

我常會問我的聽眾說：「當我們深受某人吸引時，最該做的事情是什麼？」然後，他們會異口同聲地回答：「**禱告！**」你可以這樣禱告說：「親愛的上主，比起其他的事物，關係更容易導致我神智不清。我把自己對這個人的喜歡、想法和感覺，全交在祢的手中，請讓它們為祢所用。請讓這段關係，依你的旨意承行。阿門。」

靈性的旅程，就像是排毒的過程。讓人痛苦的事物必須先現身，才能獲得釋放。當我們呼求上主的治癒，那些尚未痊癒的部分便會浮上檯面。為聖靈所用的關係，會清除我們擁抱愛的重重障礙，讓我們不再只是壓抑或否定那些障礙，而是把它們帶進自己的意識覺察（conscious awareness）中。令我們神智不清的，往往是那些真正吸引我們的人，我們可以透過他們看見自己有待療癒之處。當我們準備好，上主就會為我們指出另一條路。

關係是療癒的殿堂，就像是外科醫師問診的過程一樣。如果我們不讓醫生知道自己傷口何在，醫生該如何治療？我們必須先揭露恐懼，醫生才能好好進行治療。《奇蹟課程》教導我們，黑暗必須被帶到光明之中，而不是反其道而行。我們若是為了逃避面對自己的傷口，而躲進一段關係裡，是不可能從中獲得養分的，因為宇宙不會支持這樣的事情。

小我認為，唯有雙方都以完美的面貌示人，才稱得上是完美的關係，但事實並非如此。選擇性的展現優點有失誠實，好的一面不一定是我們真實的一面。裝模作樣，就是在助長自己的幻相。這麼做，都是基於恐懼——我害怕你一旦看到真實的我，就會拒絕我。

上主對「美好的關係」的想法，和小我的版本截然不同。對小我來說，一段美好的關係，是指另一個人懂得照我們的心思行事，永遠不會踩到我們的地雷，不會侵犯我們的舒適區。但是，一段關係的目的若是為了成長，那麼在許多方面，它將帶出一些讓我們不舒服的狀況，迫使我們認清自己的不寬容，以及還缺乏無條件愛人的能力。除非接受別人選擇的行為方式，不讓自己內在的平安受他們影響，否則我們就不算是與聖靈合一。

在我的人生中，有好幾次對關係的看法都是，「這太恐怖了！」在進一步反思後，我才明白上主可能會說：「喔，這對你是好事。」因為瑪莉安越來越瞭解自己神智不清的原因了。

記得有一次，一位女性友人告訴我，她和男朋友分手了。

「為什麼？」我問她。

「因為他有五天沒打電話給我了。」她回。

聽了她的回答後，我無言以對。

「他明知道我每天都需要他的口頭承諾，」她繼續說：「所以我設了一個底限。你不覺得這樣很好嗎？」

「不，」我說：「我覺得這樣很幼稚。」我停了一下，接著問她：「你有沒有想過，就接受他原本的樣子？」

「多謝你的支持噢。」她說。

「不客氣。」我回。

我知道她要的支持，是別人同意她的男朋友有錯。尋求一起定罪別人並不難，但真正對我們有益處的，是幫助彼此放下對某人過失的執著，放下批判，從而看見事件背後的愛。

我們在關係中，之所以會神智不清，通常是因為我們對另一半，或是對這段關係別有盤算。把關係塑造成我們認為該有的樣子，並不是我們該做的事。如果對方的表現不夠浪漫，那也許是因為他本來就不是那樣的人，並不表示他做錯了事。

關係並非都要浪漫，如果一輛公車沒有停在你的站牌前，僅表示那不是你該搭上的車。小我想利用關係來滿足需求，聖靈則希望這段關係能為上主所用，讓我們學會更全然地去愛。允許對方做自己，就是在全然地愛他。小我透過控制來尋求親密感，聖靈則透過接納來得到它。

在神聖關係裡的人，不會企圖改變另一個人，只會去看對方既有的美好。這時候的禱詞是：「親愛的上主，請把我眼前用來給別人打分數的標準拿開，幫助我去看出弟兄的美好。」如果把帶給我們痛苦的那個人，當作是他的真相，那麼我們可就想錯了。

小我只不過是我們的恐懼。每個人都有小我，那並不表示我們就是壞人。小我並不是我們不好的地方，而是我們受傷的部分。《奇蹟課程》說，我們多少都會害怕別人看見真實的自己，怕他們被嚇得退避三舍。於是，我們戴上面具，把真實的自己藏起來，卻忽略了那（也就是我們內在的基督）才是我們最美、最值得愛的部分。

當我們深入自己的生命本質，會發現那裡有無量的光明，而不是黑暗。小我最不樂見的莫過於此，小我怕我們知道，**放下**面具才能獲得真正的安全感。只要我們一直害怕被人評斷，就永遠也無法看清這一點。

神聖關係是一種讓我們感到安全的狀態，在其中，我們可以做自己，知道自己的陰暗面不會受批判，而會得到寬恕。在神聖關係中，我們得到了療癒，並且自在地朝內在本有的光明邁進；在神聖關係中，我們的成長倍受鼓勵。神聖關係就是，「**心靈的共有產業，使神聖關係的雙方都樂於交出自己的錯誤，接受修正，一起快樂地療癒，重歸一體生命。**」[32]

浪漫的愛

除了上主的愛以外，沒有其他的愛存在。33

從《奇蹟課程》的觀點來看，愛無分別；母親對孩子的愛，情人之間的愛，朋友之間的愛，都並無不同。真實的愛存在於所有關係之中，那即是上主的愛，不受形式和環境所改變。

最近，一位女性友人問我說：「你和你女兒之間的關係，一定讓你體驗到一種全新形式的愛。」我聽了之後，回答她說：「不，並沒有。但是，我和她的關係，確實讓我體驗到更深刻的溫柔，讓我更懂得愛是什麼。」

常有人會問：「為什麼我就是遇不到深刻而親密的關係？」會問這個問題是可以理解的，因為人都很寂寞。然而，親密關係就像是把關於愛的碩士程度的功課，當成博士論文來大做文章。問題是，大部分的戀人連小學程度都還不到。

當我們單身時，小我會教我們說，只要你能擁有一段關係，所有的痛苦就會煙消雲散。然而，當關係繼續發展下去，其實會帶出更多我們既存的痛苦，這正是關係的目的之一。在關係中，我們學習到慈愛、接納、放下、寬恕和無我。在單身時，我們很容易忘記，關係中其實充滿了各種挑戰。直到一旦進入關係中，我們才會清楚憶起那些挑戰為何。

關係不一定會帶走痛苦，唯一能「帶走痛苦」的，是治癒那引發痛苦的原因。讓我們痛苦的，不是生命中缺了另一個人，而是即使他在身邊，我們的所作所為卻令自己痛苦。懷抱純愛的人對弟兄別無他求，只願弟兄能得享平安，因為唯有如此，我們自己才能得享平安。

有好幾次，我反覆問自己：「你希望對方得到平安，還是希望他打電話來？」單純地愛一個人，其實是在修復我們自己。因此，小我才會不停反抗，機關算盡地妨礙我們去體驗任何形式的愛。當兩個人在上主的懷中相聚，他們之間的高牆便會倒下。此時，對方不只是一具身體，而是一門更深更廣的功課。事實上，他們**確實**比我們以為的更深更廣。上主之子沒有一絲一毫的不完美。在戀愛中，會有那麼一剎那，我們看見對方圓滿的真相。他們**是**完美的，這並非只是我們的想像。

但是，我們很快就又陷入瘋狂狀態。一旦光明乍現，小我會傾盡所能地掩蓋光明。突然間，我們在靈性上瞥見的完美，又化作有形世界中的相互投射。人們並不明白，完美的靈性世界和不完美的形相世界是並存的。由於不明白這一點，我們四處搜尋物質的、形相上的完美，認為一個人有完美的靈性還不夠，還要有完美的外表才行。他們必須很懂得穿著，必須通曉事理，還必須有迷倒眾生的個人魅力。再也沒有人甘心當個凡夫。我們把對方理想化，而當對方未能符合期望，我們就大失所望。

只因為別人平凡就拒絕人家，這種情況簡直快要變成一種集體的精神官能症（neurosis）。人們常問：「我什麼時候才會遇到我的靈魂伴侶？」事實是，除非我們準備好接受那個人的到來，否則祈禱也沒有用。因為即使是靈魂伴侶，對方仍是和我們一樣在歷經成長過程中的一介凡夫。

正如其他發生的事，關係的問題很少是出在沒有好的機會，或沒有遇到好的人。問題在於，我們不知道如何善用自己面前的機會。有時候，我們看不見身邊的人有多好，看不見周圍一直充滿著愛。阻礙我們覺察到愛的，正是小我；而我們最大的障礙就是，一直認為某個完美的伴侶尚在他方。

人們習於歌頌浪漫的愛情，這種找到「對的人」的迷思，讓我們一再受挫。小我利用浪漫的愛來滿足「特殊」的自我感，但過度強調浪漫，最終只會破壞了關係。友情和愛情之間的差別，可以用一枝長莖的玫瑰花來說明：莖是友情，花是愛情。小我注重感官刺激，我們很自然地會把注意力放在美麗的花朵上，而忽略了花朵賴以維生的養分，都是從莖輸送而來。相較之下，莖或許看來無趣，但若非它的存在，花就無法存在。

我曾在一次演講中，提出這個比喻，然後有一位女士補充了一個很棒的觀點。她說，長久的愛情就像玫瑰花叢。隨著季節的更迭，玫瑰花也許會凋謝，但是只要養分充足，待下一個花季來臨時，會再長出新的玫瑰花。的確，戀愛的熱度消退，不代表一段美好關係就此結束，那是小我看待的觀點。即使關係進入了衰退期，聖靈依然能在其中看見重生的種子。

《奇蹟課程》說，你的任務不是去尋找愛，而是去清除使你感受不到愛的那些障礙。認為世上有一個特別的人會來拯救我們，這樣的想法妨礙了我們擁抱真愛。那是小我最強的武器，也是它用來讓我們和愛保持距離的詭計。我們拚命地尋找愛，一旦找到後，隱隱作痛的內在創傷又驅使我們親手摧毀愛。那認為有某個特殊的人會來拯救我們的想法，使我們理所當然地把心理壓力，丟給自認該勝任「完美伴侶」角色的那個人。

我們用不著提醒上主說，我們想要美好的關係，因為祂早就知道這一點了。《奇蹟課程》教導我們，渴望就是禱告。準備好要接受神聖關係的禱詞不是：「親愛的上主，請給我一個好對象。」而是：「親愛的上主，請幫助我明白我是一個好對象。」

幾年前，我求上主讓某個好男人來到我身邊，把我的絕望統統趕走。後來，我告訴自己說：「在這個男人出現之前，你何不先處理好自己的問題呢？」我無法想像有個男人，會告訴他的朋友說：「哇，我昨晚認識一個超正但絕望的女人。」尋找「對的人」只會讓我們絕望，因為世上並沒有所謂「對的人」。「對的人」不存在，是因為根本沒有誰是「錯的人」。來到我們面前的不論是誰，身上都帶著我們需要學習的課題。

為了回應你對親密伴侶的渴望，聖靈可能會差遣一個未必是最終的伴侶來到你身邊。祂給你這個人，是為了幫助你學習。在你還沒**準備好**迎接深度的關係之前，祂會先給你完成內在療癒的機會。我們對特殊的愛如此深信不疑，使我們漠視不符合「最終關係」的對象。

我曾因此輕忽了身邊的鑽石，未能善用那些能加快我成長腳步的關係。有時候，我們沒有在當前的關係中好好療癒自己，反倒認為唯有**完美的關係**降臨，**真正的生活**才開始。這又是小我的另一個詭計，它要我們去找，卻永遠找不到。如果某個人不像「對的人」，我們就不會去認真看待和他的關係。問題是，有時候我們會錯把「對的人」看成是「錯的人」，因此不把他當一回事，而錯失了一段關係。等「對的人」真的出現了，我們卻沒有做好準備。我們常常是自己還沒準備好，就開始拚命在找「對的人」。

《奇蹟課程》說，有一天我們終會明白，在我們的心靈之外，其實什麼也沒有發生。一個人在我們眼中的樣子，會影響我們在他面前要表現出什麼樣子。對關係最有建設性的，不是把注意力放在對方的特殊性上，而是專注在自己的靈性上。在神聖關係中，我們會營造出一個空間，讓互動以最具建設性的方式進行。我們應該積極創造有益於成長的環境，而不是被動地等待，等待誰的出現來吸引我們的目光。

沒有人可以永遠美麗，也沒有人能永保青春。愛，是一個決定。等著評估某人是否夠好，是件幼稚的事。這麼做，對方遲早會察覺，覺得自己像是試鏡的演員一樣而神經緊繃。當人們神經緊繃，往往就無法發揮自己的最佳水準。小我總是在尋找某個魅力四射的人，但相反地，一個成熟並懷有奇蹟心志的人，則會去支持對方，讓他變得更有魅力。

為了準備好迎接一段深刻的關係，我們的任務之一，就是學習如何讓另一個人發揮他最大的潛能。伴侶之間應該在彼此的生命裡，扮演類似神職人員的角色，應該協助彼此觸及內在最崇高的部分。

我曾經和一個總覺得我不夠好的男人交往，也曾經和一個懂得說「你今晚看起來真漂亮」的聰明男人交往。後者幫助我增長自信，使我有更出色的表現。客觀上來說，沒有人真的是迷人或不迷人的，世上根本沒有那樣的人。只不過，有些人將每個人內在皆有的光芒顯化了出來，有些人則沒有。會將內在之光顯化出來的人，通常是那些從小到大不斷接受父母或愛人，以語言或非語言的方式告訴他「你很棒，你很美」的人。愛之於人的必要性，就好比水之於植物。

回顧過去，的確可以釐清許多問題。但是，療癒並不發生於過去，而是發生在當下。這些年來，人們瘋狂地把自己當下面臨的種種絕望，全歸咎於童年發生的事。小我不要我們看出：我們的痛苦，並非源自過去未能得到愛，而是源自當下未能給出愛。救贖只發生在當下，透過改變當下，我們能改變自己的過去和未來。

對小我來說，這個觀點太挑釁了，我們若擁護這觀點就會受到小我的批判。就算我們是從父母身上，習得了缺乏愛的態度，但是否定父母的模式卻會更鞏固它們，最後連愛也幾乎束手無策了。毫無止盡地查探黑暗，並不會帶來光明。因為探討到某個程度之後，它便會變成一種循環。朝向光明的唯一途徑，就是進入光明之中。

當某人說：「我的父母從沒稱讚過我很美，我真可憐！」他顯然尚不具備奇蹟心志，還活在受害者的心態之中。奇蹟心志的想法是，「我的父母從沒稱讚過我很美，知道這一點，使我明白自己為什麼無法自在地接受別人的稱讚，也明白自己為什麼不習慣讚美別人。但是，現在我可以開始培養這個習慣了，我永遠有機會去給出我不曾得到的。」最近，有一位男士告訴我，他小時候父親不曾送過禮物給他。我聽了之後，建議他最好的療癒方法就是，從現在起，他可以送很多禮物給他父親了。

過去，我常過度擔心別人是否會支持我，卻很少反省自己是否支持過別人。後來在關係中，我瞭解到自己該做的，是讓男人感覺到自己像個男人，而不是耗費時間在擔心他是否像個男人。唯有自己先成長到最佳狀態，才能幫助另一個人也成長到最佳狀態。成長來自專注在自己的生命課題上，而不是別人的課題上。

《奇蹟課程》說：「**任何事件唯一可能缺少之物，不外乎你尚未給出的**

那一份。」[34]我花了好多年的時間，等待某個男人來讓我感覺自己「像個真正的女人」。但是，當我明白我的陰性能量不是靠男人給的，而是我給予自己和對方的禮物時，我的男人才得以展現出他的陽性能量。

童話故事《青蛙王子》為我們揭示了一個道理：我們對待別人的態度，大大影響了別人轉變的可能性。在故事中，公主親吻青蛙，青蛙於是變成王子。這個故事說明了，愛有一種奇蹟般的魔力，能創造出一個空間，讓人在其中自然而然發揮出無窮潛力。這是嘮叨、企圖改變別人、批評或訓斥，都無法做到的。

《奇蹟課程》說，我們自以為瞭解別人，其實是想知道別人是否值得我們的愛。然而，除非我們先愛他們，否則就不可能真正瞭解他們。因為凡不被愛的，無法被瞭解。我們讓自己與別人保持在分離的狀態，然後等著他們來贏得我們的愛。但我們都忘了，人們之所以值得我們的愛，是因為他們是上主的創造。只要我們還在期盼別人做得更好，就注定會一直失望下去。但是，當我們帶著贊同和無條件的愛選擇支持他們時，奇蹟就會在雙方身上發生。這是關係之中最關鍵的部分，也是最終的奇蹟。

清除恐懼

完美的愛驅逐了恐懼。35

一段美好的關係，不盡然永遠都像水晶或彩虹那樣美麗。美好的關係就像新生兒出生的過程，通常參雜著痛苦和混亂。我還記得，我女兒剛出生時，我看見她身上沾滿了血和其他體液。在寶寶出生之前，他們都得經歷一段辛苦的過程。

「靈性關係」也是如此，在靈性關係中的兩個人，不一定永遠都帶著微笑。對我來說，靈性最重要的意思是「真實」。我在某一年跨年夜的演講中告訴大家，我們不要再失心（mindless）地慶祝，而是要用心（mindful）地慶祝。這意思是，在午夜的鐘聲為新的一年揭開序幕之前，我們得先好好寬恕自己過去一年的悲傷和失望，才能真正迎接一年新的開始。

關係也是如此，雙方都是為了療癒而來。只有絕對地誠實，療癒才會發生。我們渴望真正的關係，卻害怕和另一個人敞開心交流，認為一旦對方知道我們的真實樣貌，就會離我們而去。

有一天，一對聽過我演講的伴侶來找我諮商。那天稍早，男方告訴女方他要分手，女方覺得相當錯愕，問他是否願意一起來找我諮商，好協助她克服失落感。對方答應了，當他們在我面前的沙發坐下時，我向男方保證說，我的目的不是為了要讓他們復合，而是和他們一起尋求平安。

我記得自己也有過類似的經驗，當時我的治療師處理得非常好。所以，我完全照治療師和我說過的話去說。

「鮑伯，你為什麼這麼氣黛柏拉？」我問。

「我沒有氣她啊！」他說。

「不過，你聽起來很生氣。」我和他說。

「我知道要黛柏拉改變不是我的責任，我也不想改變她，我只想退出。」他說。

「喔，我猜你認為這樣做比較有靈性吧。」我說。

他聽了我的話之後，覺得十分詫異。我猜他自認在學習《奇蹟課程》上，是個表現優異的學生。

「你還沒有停止對黛柏拉的批判。」我說：「你對她隱瞞了一些重要的想法，要是她不知道你的想法，便無法好好經營這段關係。你何不告訴她你生氣的原因？」

「我沒有生氣！」他又重複說了一次。

「這樣吧，」我說：「假裝你現在是個演員，說說看吧，這裡很安全。讓她知道你真實的想法。」

他一旦打開了話匣子，就把內心話統統說出來了。他告訴她，她對於該怎樣和另一個人一起生活，一點概念都沒有。她總是只顧著做自己想做的事，如果他想同行，那也可以。我不太記得他還說了些什麼，但是當他把話說出來，他們就有許多溝通的機會。當他說完時，黛柏拉非常感動，她安靜又真誠地說：「我從來不知道這些，謝謝你告訴我。」

從我的辦公室離開後，他們倆不但沒有分手，日後還告訴我說，他們的關係在那次的諮商中得到了重生。鮑伯感受到的憤怒，是一種被禁錮的能量，它來自鮑伯認為把自己真實的感受分享給黛柏拉知道，是一件「很沒靈性」的事。

溝通遠比壓抑好得多。一連串未能好好表達的感受，最後會累積成憤怒，一次爆發出來。在神聖關係中，我們有一部分的功課，就是誠實說出當下的感覺，並鼓勵伴侶也這麼做。如果能夠隨時隨地這樣溝通，內心積蓄的憤怒就會減少。

在溝通之前，必須先察覺自己真實的情緒。如果憤怒出現了，就要接納它。若以為一旦動怒，對方就不會再愛我們，而寧可欺瞞感受，那麼這段關係注定會失敗。我一直建議情侶們，不要因為吵架就分手。讓對方知道吵架是安全的，是一件非常重要的事。

我這麼說，是因為吵架不一定是吵真的。有一次，我和一個朋友在「激烈討論」一件事，另一個朋友見狀大聲地說：「我受不了你們兩個總是在吵架。」我說：「沒有吵架啊，只不過我們都是猶太人。」他以為我們在吵架，而我們只是說話大聲點罷了。

對修行人來說，憤怒是一個很重要的議題。很多人很難理解耶穌對兌換銀錢的人生氣是怎麼一回事（譯註：作者引自《新約聖經．約翰福音》的故事）。他們會問說，如果耶穌真的開悟了，為什麼會生氣？但是，沒有一個猶太人或義大利人，對這一幕會有疑惑。除去小我，不代表失去人性。把耶穌的憤怒視為一種能量，我們不必迅速為一股爆發的情緒，貼上憤怒的標籤。那只是能量的釋放，不該被詮釋成負面或「不靈性」之舉。

有些人沒有表現出怒火，不代表他們不生氣。怒火表現在外的，我們稱之為憤怒；壓抑在內的，則是被稱為潰瘍或癌症之類的疾病。最不健康的處理方式，就是否認自己的憤怒。奇蹟的觀點不是要你假裝不生氣，而是說：「我正在生氣，但是我願意不生氣。親愛的上主，請告訴我有什麼是我沒有看見的。」

有一種方法可以讓別人知道我們生氣，卻不會感到被攻擊。與其說：「是你讓我覺得這樣或那樣。」不如改說：「這是我現在的感覺。我沒有說是**你讓我覺得這樣**，或應該怪罪你。我只是把這些當成自我療癒的一部分，把這些感受分享給你知道，好釋放並超越它們。」這樣說的話，你就是在為自己的感受負責，而原先被當成是爭吵或避之唯恐不及的不愉快，都能轉化為關係裡重要的療癒力量。如此，我們就不是對話的敵對雙方，而是對話中的夥伴。無論我們多麼痛苦、多麼恐懼，關係都需要坦白的溝通。《奇蹟課程》說，奇蹟發生在全然給予和接受的相互交流中。

當你祈求上主療癒你的人生，祂便會燃起一道非常明亮的火光，照在你需要被看顧的事上，讓你看清楚本來不願面對的事物。我們的心包覆著很厚的盔甲，那是由恐懼鑄造的，而那些恐懼有時候會偽裝成其他東西。每個接受過心理治療的人都知道，探究自己的成長過程並不簡單，那需要面對內在的陰影。

往往要等到我們痛苦地發現，某個模式實在行不通了，才會甘願放下它。在開始更深地面對自己之後，乍看之下人生好像反而變得更糟了，但其實並沒有。那只是因為我們不再任由自己被無意識所麻醉，而更清楚地感受到自己的狀態了。我們不再否認問題或置身事外，不再和自己的經驗疏離，而開始認清了自己在玩什麼把戲。

這個過程可能會非常痛苦，以致時常受到誘惑走回頭路。這趟「靈性勇士」的旅程，需要很大的勇氣。但我們寧可承受自我探索的痛苦，也不願有生之年，都活在無意識的隱隱作痛中。每當有人說，《奇蹟課程》能提供我們一條比較容易的路時，我都會不禁笑出來。在自我探索的路上，我們有很多事要面對，而且都不容易面對。我們必須先正視小我，才能生出放下它的力量。

小我不是妖魔鬼怪，只是一個妖魔般的**念頭**。每個人內在都住著一群妖怪，也住著能降伏妖怪的王子。我從來沒讀過哪一本童話的結局是，妖怪最後打敗了王子。在我真摯地祈求上主之前，我從未心甘情願放下舊的模式，也不曾歷經過上主的恩典。

小時候，父親常告訴我說：「你必須同時接受事情的好壞兩面。」當我們越瞭解自己內在的光，就越能寬恕還不夠完美的自己。要是已經很完美，就不必來這世上一遭了。然而，我們的任務是接受自己的完美，以及去瞭解那些自認不完美之處，那才是整個療癒過程中最重要的部分。藉著接受長存於心中的完美靈性，我們才能造就完美的性格。

達文西有一個故事，一直讓我深受感動。在他早期的繪畫生涯裡，有一次為了畫一幅基督畫像，他找了一個年輕的美男子來當模特兒。多年之後，達文西要畫一幅出賣耶穌的猶大畫像，他走遍了佛羅倫斯大街小巷，尋找最適合的模特兒人選。最後，他找到一個看起來夠陰暗、邪惡的人來扮猶大。他先上前和這位男子攀談，想請他來當模特兒。那男子對達文西說：「你大概不記得我了，但是我記得你。我就是很多年前，你那幅耶穌畫像裡的模特兒呀！」

電影《星際大戰》裡的達斯．維德（Darth Vader）在很久以前，曾經是個好人；路西法在墮入地獄之前，曾是天堂裡最美的天使。小我只不過像是機械故障或線路打結一樣，讓愛的運作受阻。回顧過往的人生，我發現自己有時候表達的愛其實是恐懼，但現在我非常確定：要是我當時知道該怎麼做，一定就能表達得更好。我若能當下感受到愛，就能把愛表達出來，同時讓自己的需求得到滿足。

小我是住在我們心中的一個騙子，把我們耍得團團轉，讓我們對自己和別人玩把戲而不自知。我們常不懂得愛惜自己，也不清楚自己的神智不清其實只是創傷在作祟。我們認為自己很差勁，覺得連站在上主面前都不夠資格，遑論去看自己的真相，所以總是退縮回來。但事實上，如果我們真的看見了自己的真相，就會受到光明吸引。

當我們往自己的深處看去，首先要面對的就是《奇蹟課程》所說的「**恐懼的小天地**」[36]。王子在拯救身陷險境的公主之前，必須先除掉圍繞在城堡四周的怪獸。我們也是如此，那些怪獸是我們的心魔、創傷、小我，以及無所不用其極抵抗愛的行為。小我的模式，必須從我們的思想體系中連根拔除，如此，我們內在的真愛才得以浮現。

一位印度靈性導師曾說，世上沒有灰色的天空，因為天空一直都是藍色的。只不過有時候，藍天被烏雲遮蓋，我們就以為天空變灰了。我們的心靈也是如此，它一直都是完美的。只不過恐懼的模式限制了我們的心靈，遮蔽了完美。幸好，這都只是暫時的而已，我們依舊是上主的完美之子。世上沒有不會過去的風暴，烏雲不會永遠籠罩天空，唯一不變的只有藍天。

所以，我們該如何面對自己的恐懼、憤怒，以及那片覆蓋住我們內心之愛的烏雲？就是把它們都交給聖靈。聖靈將透過愛，而不是透過攻擊另一個人去轉化它們。真正具殺傷力的不是憤怒，而是憤怒所導致的攻擊。在某些圈子裡，越來越多人用抱著枕頭大叫的方式來釋放情緒，這麼做真的很有效。當你緊繃到很難在最需要的時候禱告時，釋放能量通常是宣洩體內壓力的好方法。

憤怒會擋住愛的流通。釋放憤怒，就是把憤怒交給聖靈。永遠不要以為，靈性的生活和靈性的關係，就應該是一直保持在安靜或喜悅中的，那是一個狡猾的謬論。

在自己身上下工夫

任何事件唯一可能缺少之物，不外乎你尚未給出的那一份。37

關係的意義，在於為我們帶來敞開心的機會，讓我們享有更深的愛。聖靈是奇蹟的媒介，祂會引領我們用另一種眼光，看待自己和別人的關係。我看著我的寶貝女兒，把她的愛推及每一個遇見的人，那時她還沒學到「任何人都可能是危險的」的觀念。在她與生俱來的愛和表達出來的愛之間，不存在任何隔閡。她的溫柔微笑中，蘊含著她的真實感受。但是，將來有一天，我必須教她，並非所有表達愛的方式都是合宜的。儘管如此，把心上鎖和把門上鎖，還是截然不同的兩回事。

身為父母最大的挑戰，就是即使生活在一個充滿恐懼的世界裡，仍要不斷支持孩子保持一顆敞開的心。我們無法給孩子自己沒有的東西。就這一點來說，我能給我女兒最棒的禮物，就是照顧好自己的心。比起其他的教育，孩子從我們的身教學得最多。我們能正面影響他人最好的機會，就是接受上主的愛進入我們心中。

這就是關係中最基本的奇蹟原則：為了和另一個人一起尋得平安，我們只專注在自己的課題、想法和行為上。因為「**奇蹟志工的唯一責任只是親自接受救贖。**」[38] 但是，小我一直誤導我們，以為一段關係之所以破裂，是因為**對方**做錯了，或**他們**沒看清楚，**他們**才是應該學習的人。我們一定要把焦點拉回自己身上。在某個程度上，當我們批判別人缺乏愛時，受到影響的會是自己。否則，我們本來是百害不侵的，不應該會受到小我的侵害。

有時候，人們會告訴我說：「但是，我覺得有九成是他們的錯。」這時候，我會回答說：「很好，那麼還有一成是我們可以去學習的。」那一成的部分，就是「你」必須去看、去學習的課題，那是你要帶往下一個人生階段的東西。小我很清楚這一點，所以慫恿你把注意力都放在別人身上，目的是讓我們不斷處於自我毀滅的循環而不自知。改變自己是一件再困難不過的事，因此小我用改變別人的伎倆，讓我們分心於自己的課題。為了從關係裡學得更多，人必須把注意力放在自己的問題上。

越來越多人，抱怨自己總是挑「錯」對象。這是小我的陷阱，乍聽之下我們好像要為這錯誤負責，但事實上，在描述問題時，我們的心態依舊是在怪罪別人。這麼做，只會把自己導向更深的黑暗。如果有人說：「我一直愛上不願意給我承諾的人。」他肯定不具奇蹟心志，否則他會自問：「老實說，我自己又願意投入多少？在我的內心深處，是否準備好要給出愛和接受愛了呢？」或是問說：「我該如何寬恕那些無法放下恐懼的人？尤其當那恐懼可能是因為我。我又該如何寬恕自己呢？」

有些時候，你一往情深，對某人著迷到身不由己的地步。這可能是你在某個程度上，還不願意放下他們。雖然這時候，身邊會出現很多要你向外去尋求解決之道的引誘，你仍要守住奇蹟思維，往內去找答案。若不願為自己的痛苦負責，就無法體認到：改變自己的想法，就能改變自己的處境。

無論先開啟痛苦互動過程的是誰，無論還有多少地方想錯了，只要寬恕自己，聖靈就能帶你離苦。對方甚至無須加入你蛻變的過程，《奇蹟課程》說，當下神智較清明的一方，會邀請聖靈進入這個狀況。對方是否願意和我們一起，迎接上主的進入，一點都不重要。因為你人生所需的一切，都在你自己心中。

我曾經迷戀過一位男同志，這聽起來也許很愚蠢，但我就是對他念念不忘。於是，我祈求奇蹟。隨之而來的想法是：「瑪莉安，你自己很清楚，你已經無法自拔了。你之所以覺得身不由己，是因為你放不下**他**。接受他原來的樣子吧！放下他，讓他去他想去的地方，做他想做的事。現在這裡缺乏的，就是**你**沒有給出的那一部分。**你**對**他**所做的，正是令你痛苦的原因。你的小我試圖在情感上控制他，但事實上被情緒綁住的是你自己。」於是，我恍然大悟。我在心裡釋放了他，覺得自己也同獲釋放。

封閉的心

沒有人會懷疑小我作假誣告的本領。39

我認識一個男人，他在每一段關係剛開始的時候，總是充滿激情，但是，一旦女方打開心門，他便無法克制地關上自己的心。我聽說，這種行為叫「吸引階段成癮」（addiction to attraction phase）。其實，他並非存心到處傷害女人，他也想要一段真誠而投入的關係，但就是缺乏一些靈性技巧，好在一個地方駐足夠久，和一個與他對等的伴侶建立穩定關係。只要他在某個女人身上，看見人性的缺陷，就會想逃開。

自戀人格會不斷地尋找完美，這想法使愛永無開花結果的機會。一段關係剛萌芽時，會帶來飄飄然的快感，讓接下來的成長階段相形無趣，令人難以投入。只要對方呈現出平凡人的樣貌時，小我便會心生排斥，想再去找其他的玩伴。

這類關係結束時，我們會恍惚覺得像是嗑過藥一樣，享受了一段刺激的過程，當下覺得發生了什麼有意義的事。可是過不了多久，關係就觸礁了，這時才知道原來有意義的事從未發生過，一切都是自己編造的。然後，我們頭痛欲裂，瞭解到這樣的過程既不對勁也不健康，而且不想再重蹈覆轍。

我們被這種關係所吸引，是因為被幻相給蒙蔽了。有時候，無法在一段關係中付出的人，表現得像是什麼都願意給。他們和自己的感受脫節，變成演技精湛的演員，毫無意識地演出我們編造的虛幻情節。但是，不論他們是怎樣的人，痛苦都是自己的責任。若非因為我們一直在尋求廉價的快感，也不會這麼容易受騙。

為什麼你會這麼愚癡？每當結束這類關係時，我們總是這麼問自己。直到有一天，受夠了這些事，我們才會承認自己一點都不笨，並感覺到這簡直像是一種藥物成癮。問題就在於，那才是我們想要的。我們通常可以在剛認識一個人的前十五分鐘以內，就看出他們在玩什麼把戲，但還是被想要的快感給深深吸引，願意假裝什麼都沒看見，就算這段關係只維持了一個晚上、一週或多久都好。其實，當一個男人才剛認識你一小時就說：「你美呆了，你是一個很好的女人。今天的約會真棒，能和你約會的男人真幸運……」任何女人都聽得出來，這是一則危險的訊號。真正的問題是，我們的創傷之深，深到極度渴望聽見這些甜言蜜語。儘管我們內心深處對這些話有疑慮，但是一聽見別人這樣說的時候，還是會把一切理性拋諸腦後。當我們飢渴，自然會飢不擇食。

有些時候，女人會問我：「瑪莉安，為什麼我老是遇到情緒暴力男？」我的答案通常是：「問題不在於你總是遇到這樣的男人，而在於你總是把電話號碼給這樣的男人。」換言之，問題不在於我們總是吸引到某一種人，而是自己總**被**某一種人所吸引。舉例來說，某些比較冷淡的人，也許容易勾起我們對父親或母親的情緒，「他總是對我那麼冷淡，還帶著不屑的態度。我鐵定是回到家了。」問題不僅是別人帶給我們痛苦，還有我們**甘之如飴**地享受痛苦，因為那樣的苦是我們最熟悉的。

若深受有致命吸引力，卻什麼也無法給的人吸引，表示我們容易覺得，那些真正能給予我們什麼的人很無趣。無法與我們的思想體系相容的事物，勢必也無法在我們的生活中久留。無論是身體或心理上的事物，都適用於這個原則。如果我吞了一片鋁箔紙，我的身體會一直反胃，直到異物被排出為止。同樣的道理，如果有人想要灌輸一個和我本身不「相容」的想法，我的心理系統也會啟動相同的反芻過程，好把相斥的觀念驅逐出去。

如果我相信自己不夠好，那麼當一個認為我很棒的人要進入我的生命中時，我會覺得難以接受。這種情況稱為格勞喬．馬克斯症候群（Groucho Marx Syndrome，譯註：他是美國著名的喜劇演員），意思是一個人不喜歡懂得欣賞自己的人。

這就是我們被那些不愛我們的人吸引的原因。我們一開始就心裡有數，他們不願給承諾，最後真的被背叛了，還假裝很吃驚的樣子。在歷經一段濃烈而短暫的停留之後，他們便會離去。其實，他們完全符合小我所施的魔咒——「沒有人會愛我」。在我們眼裡，那些很好、很合適的對象之所以看來無趣，是因為他們對小我的信念構成威脅。小我喜歡刺激，它宣稱那些看起來很好、很合適的人選不夠刺激。

但是，事實正好相反。合適的人才是最危險的人，因為他們會迫使我們進入真實的親密感。這些人可能會花很長的時間在我們身邊，真正想瞭解我們。他們不是透過暴力，而是透過愛，來卸除我們的防備，這正是小我最不樂見的。合適的對象總是讓人害怕，因為他們會威脅小我的安全堡壘。他們之所以不吸引我們，是因為我們不喜歡自己。

療癒我們的創傷

療癒乃是克服分裂之途。40

橫亙在我們和愛之間的障礙，大部分出自於無意識的選擇，那是為了保護自己受傷的心。有些時候，我們覺得敞開心就會受傷或受羞辱。當我們像孩子一樣敞開心去愛，卻招致別人不在乎、嘲笑，或甚至懲罰時，我們便在一瞬間（也許是零點五秒的時間裡），決定保護自己不再受傷。我們不允許自己再這麼脆弱，然後把自己武裝起來。我們試著在心的外圍建造一座堡壘，保護自己不受攻擊。但是，根據《奇蹟課程》所言，唯一的問題是，我們所對抗的這些事物都是自己造出來的。

我曾在人生的某一段時間裡，覺得不該再對那些不尊重我，而我卻希望受他們尊重的人敞開心，我很氣那些傷害過我的人。當時，我不僅未能認清自己的憤怒，並將它們釋放給上主，反而否認自己的憤怒。這是修習《奇蹟課程》時，常會落入的陷阱。如果我們未能有意識地覺察憤怒，憤怒將找不到出口，如此一來，我們要不是攻擊自己，就是無意識地攻擊別人。

當時的我，還無法認清自己的憤怒，誤以為該學的課題，是不要顯露太多真實的感受。於是，我開始在關係裡被兩股力拉扯：一方面，我封閉自己、變得冷漠；另一方面，我的手裡還握著一把看不見的利刃，那源自我無意識的憤怒。

於是，我的冷漠和憤怒混雜在一起，成了一個讓人開心不起來的包袱，讓我本來能宣洩的所有情緒都不得其門而出。在憤怒和冷漠的糾纏下，我可以對一個大好人失去興趣，當然，這麼做只會讓我更加憤怒和喪失信心。

我曾經對一位非常有智慧的治療師說：「有很多跟我年紀相仿的女人，都覺得要找到一個值得愛、值得付出的好男人好難。」當時，這位治療師回我的話，就像暮鼓晨鐘一樣。她說：「每當有女人這樣說的時候，你若仔細去觀察，通常會發現她們其實很輕蔑男人。」

「輕蔑男人、輕蔑男人……」她的話在我的腦海迴盪不已。我不知道是否女人都有同樣的問題，但她這話卻一語道破我的狀況。以前，我常在想《奇蹟課程》裡的一個觀點：我們以為自己生氣的原因，是因為弟兄對我們做了某些事，但事實上，我們生氣是因為自己對弟兄做了某些事。儘管當時我對這道裡還似懂非懂，但心裡明白它是對的。

在經歷了更深的自我探索之後，我才明白實際的情況是：我對弟兄**做**了一些可怕的事，卻**以為**是他們對我做的。《奇蹟課程》說，我們每個人都帶著自己過去的「**魅影**」41。還告訴我們說，我們有不願看到別人當下樣貌的傾向。我們拿別人「過去」的所作所為，不斷地責怪「當下」的他。某個可憐男子也許會對我說：「親愛的，星期天晚上我沒辦法如期回家，我得繼續忙某個案子，也許星期二之前我都無法回家。」他甚至可能會搬出他的貓死了，或他的狗快死了之類的鬼話。

但是，問題的癥結不在於這個男人幾天不回家，而在於當我聽到這番話時，心裡作何感受。在那當下，我感到徹底的絕望，心痛得無以名狀。我覺得對這個男人或這段關係而言，似乎有我沒我都沒差。這讓我回想起，每一個感覺到自己一點也不重要，一點都不吸引人的時刻，我想起不願意抱我的父親，或是某個再也不想和我做愛的人。

從《奇蹟課程》的角度來看，發生於此刻的狀況，是為了喚起我從前的那些感受，並讓我知道過去的一切和「當下」一點關係也沒有。於是，我向上主祈求，希望能有奇蹟發生。我說：「上主，我願意用不同的角度看待這件事，我願意憶起我是誰。」對於我的痛苦，上主給的答案絕不會是讓某個男人每天對我說六十次：「你好棒，你好美，我愛你，我要你！」然後用行動證明，我對他有多麼不可或缺。

相反地，療癒最終會來自一個無法忍受我黏人性格的男人，或是一個無法忍受我為了滿足自己的需求，而把罪咎投射在他身上的男人。當然，我真正要學習的，是明白自己不需要去找一個男人，來幫我滿足那些永遠無法滿足的情感需求。那些需求並不真實，只不過反映出我認為自己不夠完美。真正的解決之道是，我必須放下「我不夠好」的想法。當我為曾經被拋棄的經歷而防衛起來時，我就是在製造注定要再次發生的經歷。

為什麼男人無法給承諾？關於這個問題，我只能就自己認識的男人來回答。就我認識的男人和觀察過的女人來說，男人之所以不願意給承諾，是因為女人常把承諾當成攻擊的武器。我們發動攻擊之處，往往就是內在黑暗聚集之處。那些心痛的記憶，以及曾對別人做出刻薄批評或不公平對待所累積的種種陰影，都藏在這裡。

自我防衛反映了自己的創傷，除了自己之外，沒有誰能療癒這些創傷。創傷可以給予我們無條件的愛，可是如果我們先選擇了不相信任何人，就會把別人的一切作為，用來為自己的信念背書。

《奇蹟課程》說，我們之所見，取決於自己想要看到什麼。如果我們想看見別人不尊重我們的感受，我們就一定能找到證據來證明這一點。畢竟，我沒有認識任何開悟的靈性導師，是在美國的大城市裡等著跟人約會的。但不可否認地，就算小我說服我們說：「男人女人都是混蛋，他們不會喜歡我們，他們總會拋棄我們，這世上根本沒一個好東西！」但是，還是有很多人選擇卸下自我防衛，試著敞開自己的心。

改變心念

唯有思想者改變自己的心念，才可能產生根本的改變。42

靈性操練的目標是心靈徹底痊癒，我們唯一需要的，就是去療癒分裂的自我感。如果你不相信自己其實沒有問題，任憑別人再怎麼說服你，你都不會相信的。別人若是以「你沒有問題」的方式對待你，你不是不相信他們，就是會變得非常依賴他們。

如果是後者，你會依賴他們不斷鼓舞你的信心，然後在過程中，他們會對你漸漸改觀。無論是哪一種，你都相信自己不夠好。《奇蹟課程》的〈學員練習手冊〉裡，有一句重複好幾次的話：「**我仍是上主所創造的我。**」43《奇蹟課程》說，我們唯一的問題就是忘記了自己是誰。

唯有從別人身上看見他的完美無缺，才能覺知到自己的完美無缺。有時候，要做到這一點並不容易，尤其是自己所熟悉的黑暗，又開始在身邊蠢蠢欲動。例如，當我理智上知道某個男人對我並無惡意，卻在情感上覺得被拋棄、不被在乎或被拒絕時，我會告訴自己，他的話中並不是真的藏著刺人的針。這種因為自己想太多而受傷的經驗，在我的人生中實在多不勝數。我瞭解到，他不是我的敵人，我的感受才是。這些感受來自我的過去，它們讓我變得極富侵略性和防衛性，使我以為對方會把我想得很負面，但實際上他根本不會那樣想。

後來，我學習選擇用不同的方式去看待，畢竟在別人面前築起一道牆的人，是我自己。在這樣的時刻，我們一定要保持意識清明，並請求上主的協助，「親愛的上主，請幫助我。此時此地正有一把劍刺進我的心，我每次都是在這裡搞砸的。」如此，療癒的奇蹟便能夠發生。

痛苦至極的那一刻，其實是最佳的治癒時機。但是，小我寧可我們永遠不要直視自己的痛苦。身陷危機的那一刻，為可能跌一大跤的我們提供了一個很好的學習機會，促使我們向天堂求援。

小我不願我們探究危機的本質，只希望我們的人生宛如一條緩緩流動的哀傷之河，河水悄悄地流過，成為我們人生的背景音樂，它不能流得太湍急，否則將驚動我們去了悟到，原來痛苦都是自己的選擇。只有當痛苦臨頭時，我們才有機會擊潰撒旦，將罪咎斬草除根。

曾經有一個男人對我說：「瑪莉安，你知道嗎？你可以和你的治療師、《奇蹟課程》、你的編輯、兩性關係專家，以及你所有的女性朋友一起做你的內在工作。但是，和我在一起時你所得到的機會，卻是和他們一起時沒有的。」他的意思是，和其他人在一起，我可以「描述」那份痛苦，但是和他一起，則能夠「感受」那份痛苦。要是當時我沒用那些幼稚、自以為是的藉口離開他，而是繼續面對並化解自己的恐懼，那段關係就能更功德圓滿了。唯有把自己的黑暗帶進光明中，並予以寬恕，我們才得以繼續往前走。

療癒來自警覺和祈禱，單靠覺察本身尚不足以治癒我們。如果透過分析，就能治療創傷，我們早就都痊癒了。我們的神智不清早已深植於潛意識層次，就像腫瘤包住器官一樣。

奇蹟的改變過程，有兩個步驟：

1、我看見自己的錯誤模式。

2、我請求上主將這模式從我心中去除。

就算少了第二個步驟，第一個步驟還是很重要。就像戒酒無名會的人所說的：「你最正確的想法，就是來到這裡。」你是提出問題的人，不是提供解答的人。

只靠第二個步驟，也不足以為我們帶來改變。我們不願交給聖靈的東西，祂是帶不走的；祂必須在我們的同意下才能行事。除非我們願意，否則聖靈無法去除我們性格裡導致痛苦的模式，否則就違背了我們的自由意志，聖靈從來不會強迫我們放下任何東西。

請求上主的療癒，等於你願意接受改變。但是，小我抗拒改變，它要我們相信人的本性難移。舉例而言，當你說：「我很生氣，我氣自己是個酒鬼。」這句話也許能描述你的憤怒，卻不能合理化你的憤怒。知道自己生氣的好處是，可以重新做出不同的選擇。你可能花好幾年的時間去看醫生、接受治療，但除非你決定要**徹底改變**，否則永遠是在外圍兜圈子。當然，如果你已經習慣了凡事嚴苛，要你溫柔地待人待己，確實會有點不自在，但是這都不足以作為不去試的藉口。

《奇蹟課程》說，教導孩子最有效的方法，不是告訴他們「不要做那個」，而是告訴他們「去做這個」。不停地分析黑暗，不能帶我們進入光明；只有迎向光明，才能真正進入光明。光明意味著理解，而透過理解，我們才得到療癒。

關係的目的是讓人獲得療癒，只有當我們揭露自己的傷口時，療癒才有可著力的地方。而這時候，小我會想盡辦法讓我們陷入兩難。換句話說，若不表現出真實的自己，成長就無從發生；人若感受不到成長，生活就會了然無趣，親密關係往往就在這時候氣數耗盡。難就難在，如果選擇了誠實地敞開自己，可能會變得一點都不吸引人，伴侶可能會離我們而去。

自戀的小我，讓我們不斷等待完美對象的出現。但是聖靈知道，在另一個人身上尋找完美，不過是小我的障眼法，企圖讓我們看不見自己內在的完美本性。再說，如果世上真有一個完美的人（事實上根本沒有），你覺得他會跟你約會嗎？當我們不再幼稚地尋覓夢中情人，才可能培養出慈愛的關係。我們不再批判別人，而是和他們連結。最重要的是，我們明白在關係中，著眼之處不是對方有沒有學好他的課題，而是自己有沒有把該學的課題學好。

小我防備的是愛，而不是恐懼。在關係中，如果我們習慣了痛苦，反而會出現「以苦為樂」的狀況，因為熟悉給我們安全感。我聽過一卷美國靈性導師拉姆．達斯（Ram Dass）的錄音帶，他說曾在報紙上讀過一篇文章，某位女監所獄警在把一名受虐兒從他母親身邊強行隔離時，那小孩掙扎著不想和母親分開，儘管母親就是虐待他的人，但也是孩子唯一熟悉的人，他寧可留在自己熟悉的環境裡。

這則報導，道盡了我們和小我的關係。小我帶給我們痛苦，但由於我們熟悉它的一切，寧可拒絕抽身。當我們從舊模式裡破繭而出，伴隨而來的不適應感，往往比繼續待在舊模式裡更令人生畏。成長可能是痛苦的，因為面對自己的陰暗面時，會浮現深深的羞愧感。

自我成長就像是一趟旅程，我們必須從痛苦的情感模式裡跳脫出來，才能進入會帶來平安的模式。《心理治療：目標、過程和實踐》（*Psychotherapy: Purpose, Process and Practice*）一書說道，宗教信仰和心理治療是殊途同歸。宗教信仰和心理治療這兩者，都代表著內在思想和外在經驗的關聯，聖靈用它們來慶祝人們最棒的潛力——改變自己的能力。

近來，有一種趨勢，人們無限上綱地分析自己的精神官能症，然後用分析的結果來合理化自己的行為，而不是療癒自己。分析到某個程度之後，我們終於明白自己發展出某種模式的原因（例如，可能是「父親沒有給我愛」或「母親虐待我」），以及對我們造成的種種影響（例如，「我不知道該如何讓男人接近我」或「我很難相信任何權威角色」）。改變，是因為我們決心選擇改變，選擇療癒自己。究竟是什麼讓我們變得憤怒和自我防衛並不重要，重要的是，我們準備好要被療癒，而請求上主伸出援手。

就像是演員在唸台詞一樣，我可以選擇用新的方式回應生命，可以唸出新的台詞。有些人可能會大喊：「才不要！我拒絕！」然而，發出拒絕聲的，其實是我們心中的那個冒牌貨。那個憤怒的我**不是**真實的我。既然如此，我們還需要承認自己的憤怒嗎？是的，承認的目的是為了要超越它。

一旦我看見自己在憤怒，就能像戒酒無名會說的那樣，「表現得像」（act as if）一個徹底不同的人，並且相信我一定辦得到。小我為我們杜撰了一個虛構的身分，我們卻把它當成自己的個性（personality）。其實，我們一直不斷在創造自己的性格，只要重新選擇，就可以不斷重建自己的個性。

有一次，一位男性友人告訴我說，他很擔心要是我倆走得太近，可能會有人因此受傷。「你擔心誰會受傷？」我問他。他回答說：「你！」

我覺得他這番話根本是用來拒絕我的，我很生氣，而且我告訴他我很生氣。「這就是我的意思。」他說：「你總是把一切當成衝著你來的，這樣讓我覺得很吃不消。」

我知道自己已經和很多人有過類似的過節，為此我曾多次祈求療癒。那一刻，我敞開心地問他：「請誠實告訴我，我該用什麼不一樣的眼光看待這個狀況呢？我還能說些什麼呢？」

「你可以笑一笑，然後對我說：『你少臭美了！』」他說。

我聽了欣喜萬分！感覺像是一個很用功的演員，在聽導演教戲。於是，我說：「太棒了！我們回頭把剛才那一幕重演一次吧。你把你剛才說的再說一次。」

「瑪莉安，你知道嗎？我突然有一種不好的預感，如果我們真的在一起的話，我們之中可能會有人受傷。」

「你擔心的是誰？」我問。

「你呀。」

我看著他，然後微笑說：「你少臭美了！」

他笑了出來，而我則是哈哈大笑。這可不是什麼微不足道的領悟，而是實實在在地拾回自己的力量。它破解了我在情感關係上的某些設定，那些設定使我無意識地做出各種不管用的反應。如今，我建立起新的模式、新的可能性。一開始，我還是選擇做出生氣的回應，但現在我可以選擇用愛的方式回應。

我不是非得當一隻負傷的小動物不可，我能夠選擇認同真實的自己，而非一個虛幻的角色，因為那才是我的力量所在。我可以選擇用更包容、更信任的眼光，去看待別人。我的弟兄之所以來到我面前，不是為了攻擊我，而是要愛我。要不要信任他的愛，要不要以愛回應，都取決於我的選擇。

當我們接受救贖、修正自己的知見，便回歸了真實的自己。那真實、純然慈愛的自己不可能消失，所有幻相終將不復存在。雖然兒時的創傷，使我們偏離了真實的本性，但是聖靈一直為我們看顧著真理，直到我們選擇重返真理的那一刻。

練習寬恕

寬恕也可說是唯一神智清明的回應。44

對小我來說，愛是一宗罪，而寬恕是一種危險的態度，小我認為寬恕會讓我們淪落為被犧牲者。小我擔心寬恕，會讓我們變成別人家門前的踏腳墊，任人踐踏。對小我來說，愛是弱點；但是對聖靈來說，愛是力量。

很多年前，我和一個叫麥可的男子交往，當時洛杉磯正在舉辦奧運會。想當然耳，開幕典禮一票難求。當時麥可在媒體工作，他在開幕典禮開演前的最後一刻拿到一張門票，讓他如願地出席觀禮。

我很替他高興，因為大家都知道那是難得的盛會。我決定在電視前觀看表演，等典禮結束後再和他會合。轉播將到尾聲時，我開始更衣，並且算了一下大概一個小時後他才會到，因為體育館附近的交通一定非常壅塞。

但是，一個小時過去了……又一個小時過去了，他依舊毫無音訊。我心想，既然他還在電視裡，也許發生了什麼事。然後，一個又一個小時過去了。本來是凌晨兩點，之後是三點。最後，天亮了，我把衣服換下，妝也卸了。我躺在床上，但大多時候是看著天花板發呆。我覺得很生氣，又擔心他是不是掉進水溝裡去了。之後，我打電話到他家，但是沒人接。我又打了一次，還是沒人應答。我幾乎在一夜沒睡的情況下，清晨六點左右打電話給他，他終於接了電話。

「哈囉。」他說。

「麥可嗎？我是瑪莉安。」我說。

「喔，是你。嗨。」

「你還好嗎？」

「很好啊，怎麼了？」

「我們約好昨晚見面的，你忘了嗎？」

「喔，對。我昨晚弄得非常晚。」他說。

我忘了自己最後說了些什麼才掛斷電話，我只記得自己心情很差。我覺得自尊心被踐踏，一股從腹部奔流而出的壞情緒，就像墨汁一樣在我體內擴散。失魂落魄的我，於是沉沉睡去。當我醒來時，我對整個狀況有了新的看法。我相信麥可醒來後，會為自己的行為覺得抱歉。我相信他隨時會出現在我的家門前，帶著一打玫瑰對我說：「寶貝，我可以帶你去吃飯嗎？」我腦海裡的這一幕，讓我直呼真是太美妙了。然後，我會用少女情懷的語調說：「親愛的，當然可以。」但問題是，他從沒來過我家。他不只沒有來，連電話都沒打過。

於是，我又陷入黑暗的深淵。這時《奇蹟課程》會怎麼看呢？我知道我需要奇蹟，但是面對這樣的處境，我只能想到兩個選擇。我曾經在類似的情況裡試過這兩種方法，但是沒有一個方法真的讓我好過，或讓我得到想要的東西。

我第一個選擇是非常生氣，然後讓對方知道我在生氣。我可以和對方說：「你以為你是誰，居然這樣對我。你這混球！」但問題是，這麼做會讓我覺得自己很沒風度。我怕自己會被人說成這樣：「瑪莉安是個好女孩，但是她脾氣很壞，得不到自己想要的就會抓狂。」

我能想像到的另一個選擇，就是原諒對方，然後放下這整件事。但是，要我和對方說：「麥可，你放我鴿子沒關係，我不會放在心上的，真的沒關係。」這麼做並不會讓我好受，我能理解什麼叫無條件的愛，但無條件的交往可就敬謝不敏了。除了抓狂或原諒，我不知道還有什麼其他的選擇。

於是，我只好請求奇蹟發生。我想到另一個可能性，就是把整個狀況交給上主，此外什麼都不需要做。

從《奇蹟課程》的角度來看，我第一件該做的事，是放下自己的批判。因為，如果我的心不平安，接下來的行為都會沾上我衝突的能量，而衝突的行為不可能帶來平安，只會引發更多衝突。因此，首先我必須先修正的是自己的知見，剩下的一切自然會水到渠成。

所以，我做了一個練習。如果情況允許的話，我會不斷重複地大聲說出來；如果旁邊有別人的話，我就在心裡默唸：「麥可，我原諒你，我將你釋放給聖靈。麥可，我原諒你，我將你釋放給聖靈。麥可，我原諒你，我將你釋放給聖靈。」

自從那天清晨通過電話之後，麥可沒再打過電話給我。一天又一天過去了，他還是沒打來，而我則忙於驅散腦海裡成千上萬的負面想法。我不斷重複說著那些話，就像經文或不斷重申的心靈智慧，最後如藥膏一樣地治癒了我波動的情緒。那些原諒的話，阻止我把注意力放在麥可身上，讓我專注在覺察自己的行為。我的目標是要得到內在的平安，而我知道，只要自己認為麥可有罪，就不可能得到內在的平安。

你也許會好奇這件事後續如何，所以讓我把故事說完。兩個禮拜過後，麥可打電話來了。然而，不斷重複說著「麥可，我原諒你，我將你釋放給聖靈」，這個願意原諒某人的願心，已經像快樂丸一樣作用於我的大腦，所以我不再在乎是否會接到他的電話了。

有一天，我家裡的電話響了。我去接起電話，聽見是麥可熟悉的聲音。「喂，是瑪莉安嗎？」他問。

在我還沒來得及回過神之前，我感覺到無比的溫暖和愛充滿我的心胸。「麥可？嗨，真高興聽見你的聲音！」我說的是真的，聽見他的聲音真棒。

「你好嗎？我很想你。」（你敢**相信**他居然會這樣說嗎！）

我不記得是否也回說我很想他。他說的話聽起來很誇張，而我也許什麼也沒說，我只記得他說了一句：「那……什麼時候可以再跟你見面？」

「你希望什麼時候呢？」我說。

「今晚可以嗎？」

就在那一刻，從我嘴裡說出來的話連我自己聽了都很吃驚，我想他也很吃驚。「麥可，我真的很喜歡你，這一點永遠都不會改變。無論如何，我還是你的朋友。但是，如果談到交往的話，我們的節奏似乎一直無法一致。所以，如果你哪天想找我吃午飯，歡迎打給我。但是，如果是想要交往的話，恐怕就請你另覓良緣吧。」

後來，我們倆七嘴八舌地聊了一些開心的事，然後才掛上電話。一開始，我擔心自己拒絕了一位弟兄，但是當我想到這些時，我在心中看見一個影像：有很多瓶香檳的軟木塞在天堂裡繃開。我明白自己不是拒絕弟兄，只是用全新的方式接納了自己。他有所獲益（他學到了一課，以及如果他願意的話，也得到了一段友誼），而我也是。寬恕並沒有讓我變成別人家門前的踏腳墊，而是教我如何在不動怒的情況下，做出帶著尊嚴和愛的選擇。

表達愛

交流就是結合，攻擊則是分裂。45

聖靈無條件地接納任何人，這對小我來說，簡直是一個瘋狂的想法，因為無條件的愛意味著小我的死亡。如果無論去到哪裡，我們都只接納和自己一樣的人，如此怎麼可能會成長？如實地接納別人，將會幫助他們奇蹟般的成長。接納不會妨礙成長，反而有助於成長。

成天挑剔我們哪裡有錯的人，對我們沒有多大的幫助，只會讓我們被羞愧和罪咎麻痺。接納我們的人，則能幫助我們喜歡自己、放鬆，從而找到自己的路。接納另一個人，並不是說就不給對方真心的建議。而是記得，行為所附帶的能量，永遠比行為本身更重要。

如果我們批判一個人，是因為想要改變他，那麼真正在發言的不是我們，而是小我。但是，如果我願意寬恕，請求上主療癒我和我的批判，那麼我的分享就能以愛的方式，而不是以恐懼的方式傳達給對方。以愛的方式溝通，話語間不帶攻擊的能量，有的盡是支持。

光是行為上的改變是不夠的，用糖霜、悅耳的聲調或治療的術語來包裝一顆攻擊的心，那不是奇蹟的作法。奇蹟是徹底地從恐懼轉向愛。我們若任由小我發言，就會挑起對方小我的回應；如果請聖靈代我們發言，則會喚起人們的愛。《奇蹟課程》說，當弟兄有錯時，他是在呼求愛，而不是在呼求攻擊。

以下這段節錄自《奇蹟課程》的話，對於關係的正向溝通，提供了清楚而有力的指引：

錯誤，全屬於小我層次；若要修正錯誤，只有根除小我一途。當你糾正一位弟兄時，無異於告訴他，他是錯的。他有時可能真的不可理喻，其實，只要是出自小我的話語，沒有一句是有道理的。然而，你的功課仍是告訴他，他是對的。如果他出言不遜或愚昧，你無需在口頭上公然認可。他有待修正之處在另一個層次，因為他的錯誤發生在另一個層次。他仍是對的，因為他是上主之子。[46]

奇蹟在我們肉眼看不見的層次運作，聖靈在其中轉化我們的溝通方式，教我們出於愛而不是攻擊來溝通。人們常會說：「嗯，我都跟**他們**講過了，我真的都溝通過了！」但是，溝通是一條雙向道，只有當一方在說，另一方在聽的時候，話才能被聽進去。我們都有過這樣的經驗，在一段對話裡，雙方都在說，卻沒有人在聽。我們也有過另一種經驗，雙方雖然什麼都沒說，卻一切盡在不言中。

為了能真正的交流，我們必須負起營造彼此心中內在空間的責任。這個內在空間存在與否，將決定一段談話是充滿奇蹟，還是充滿恐懼。當然，有時候我們也應該閉嘴，什麼都不用說，因為沉默也是一種愛的溝通方式。我有幾次犯錯的經驗是這樣的，我知道自己做錯了，也知道別人知道我做錯了，但是他們卻什麼也沒說，這樣的體恤令我萬分感激。他們的沉默，讓我有機會帶著尊嚴彌補過錯。

開口說話，關鍵不在於說了什麼，而是隱藏在話語背後的態度。既然我們都共享一個心靈，無論什麼時候，無論說了什麼，都是在一體性和分裂之間做選擇，而我們說話的對象，能夠感受到我們的選擇。選擇一體性是溝通的關鍵，因為唯有合一才有交流的可能。在交流的當下，重點不在於得到期待的結果，而是找到一個純淨無染的動機，讓我們可以從那裡捎出訊息。我們不是靠語言在交流，而是接受在開口說話之前，我們已經和另一個人有了一致的想法，這接受本身就是奇蹟。

上主之師是經過細緻調頻的直覺收音機。《奇蹟課程》說，最重要的是傾聽弟兄，至於何時該開口，上主會讓我們知道。耶穌曾經差遣他的門徒，到鄉間傳遞福音，門徒問他：「我們該說些什麼呢？」耶穌回答：「等你們到了那裡，我自然會告訴你們。」我們不需要刻意去想，到底該和弟兄說些什麼。我們唯一的工作，是請求聖靈修正我們對他人的知見。唯有從這裡開始，我們才會懂得話語的力量和沉默的力量，能如何為人帶來平安。

承諾

凡是結合於上主內的生命，小我無法拆散他們。47

《奇蹟課程》說，必須認真對待你所有的關係，讓這些關係無須彼此較勁。認真對待關係的意思是，專注在相互的理解與寬恕上，無論過程需要透過多少的對話，甚至有時候對話讓人覺得多不舒服。

當我們在形體上，和某個曾經有關係的人分離，並不表示關係就此結束。關係是永恆的，而「分開」只是關係的另一個篇章。一般來說，一對伴侶藉由放下舊的關係形式所能學到的課題，會遠比繼續在一起能學到的來得更加深刻。

有些時候，到了「關係的尾聲」，我反而覺得自己比之前更愛對方。就我的情況來說，聖靈在那一刻會帶走所有的阻滯，因為只有在全心全意地愛一個人時，我們才做得到放手讓他離開。「我因為非常愛你，所以願意放開你，讓你去你要去的地方，作你想作的自己。」當關係走到這一刻時，那不是結束，而是圓滿了所有關係的終極目標——找到了真愛的意義。

有時候，我們在關係中要學的，是如何維持並讓關係順利運作下去；但是有時候，要學的是，如何離開一段已不利於成長的關係。沒有誰可以為另一個人下決定，應該在什麼情況下採取什麼態度，那都是自己的選擇。只有與聖靈連結，聽從這位神聖導師的指引，我們才能對事件有更深刻的理解，我們的關係才能達成更高的目的。

我在演講中，數次提到：「你可以離開一個人，但永遠不要遺棄他。」這是什麼意思？意思是說，要對關係的永恆本質心懷敬意。當關係的形式改變了，關係的內涵不用也跟著銷毀。當一段關係結束時，小我會說：「你看，我和他結束了，果然還是行不通。一切已成往事，我現在要去找另一個人在一起了。」於是，在我們眼裡，「前」伴侶成了次等公民，而新伴侶則常理直氣壯地質問：「你為什麼還和他說話？現在交往的是**我們**。」

有些人不懂得協助他們的另一半，療癒過去的感情創痛，我真替這種人感到難過。因為，你終將發現，這個人怎麼對待前任，將來就會怎麼對待你。我們很容易就會嫉妒，想緊緊抓住、占有某個人。就像對待其他事物一樣，小我總是灌輸我們資源有限的觀念：別人得到越多，你就損失越多。小我只是一個相信資源有限的念頭，但實際上愛是無限的。

當我們把愛加進自己的思想體系中，世間每個角落的愛都會因而增加。愛只會帶來更多的愛。如果我的丈夫或男朋友，能療癒好他過去的關係，那已獲療癒而自我圓滿的狀態，將會提升他愛人的能力，而最終獲益的還是我。如此，他生命中的前一個女人就不是我的敵人，而是我的姊妹。

我曾經認識一個男人，在我們剛開始交往的時候，有一天他來我家吃晚餐。他說和前女友依舊是工作夥伴，正一起在寫一個劇本。他還說，他們不久前有過一段很不愉快的對話，內容是關於他們的關係。就像我們都耳聞過的故事一樣，他的前女友還是很受傷，很難放下這段感情。我問他那次談話是怎麼結束的，他說對方非常難過。

我聽了之後，放下手邊正在準備的晚餐，看著他的眼睛說：「打個電話給她吧。」一想到有一個女人在這座城市的某處，獨自忍受著可怕的焦慮，而我倆卻坐在這裡享用浪漫的晚餐，就讓我心裡難受。她住的那一帶我也去過，對我來說，不顧及那女人的感受很不夠義氣。

「你不介意嗎？」他問。

「完全不介意！」我說：「晚餐可以等一下再吃。」

每個人所需要的並無分別。我們若造成別人痛苦，這些痛苦會不斷回頭困住我們；若能盡力去幫助別人，別人也會對我們做同樣的事。旁觀別人受苦，自己卻什麼也不做，只用一句「那不是我的責任」推得一乾二淨，或者用「我要是涉入更深就會變得依賴」為藉口，都是不夠的。

我曾經有過一次被男朋友劈腿的經驗，後來那個女人對我說：「我從沒想過要傷害你。」我聽了後說：「是呀，但是你也從沒想過要愛我。」保持中立並不是愛，愛需要我們挺身而為。愛是讓牽涉在某一個處境中的所有人，都同獲心靈的平安。

關係中的信心

信心等於肯定了你們的一體性。48

我們對分手的人念念不忘，通常是因為在看不到、摸不到的地方，依然還在交流、還有連結，還想尋求解決之道。人們總會說：「你太執著了，該放手了。」在古代，寡婦會穿一年的喪服。那時候，人們較能理解、承認和認可悲傷。哀傷一段關係的逝去並不是執著，我們若一點都不哀傷，那才真是有問題。不論習慣用什麼觀點去看待關係，每一段關係在開始時，都是帶著希望而來。我們希望這段關係是安全的，就像天堂一樣，是一個在戰鬥之後能喘息的避風港。

不管原因為何，當關係走不下去時，我們都會感到沮喪。每一次熱烈的相遇，都代表一次深刻而複雜的因緣。關係的結束其實和死亡很像，很多時候，分手帶來的哀傷甚至比死亡還大。

當一個人過世了，還活著的人通常可以理解一切已畫下句點；但是，當兩個人活著卻必須分開時，往往缺少這種更高的了悟。我們愛的那個人，也許現在就生活在城市的另一邊，和另一個人共枕眠。由於我們的渴望未能如願，他們就變得像星辰一樣遙遠。這種感覺就好像一把利刃插進心中，我們沒必要假裝心痛的感受不存在。這時候，做什麼都沒用，就好好大哭一場，讓眼淚宣洩吧，就像讓毒血從傷口裡流出來一樣。

現在，是信心上場的時候了，讓淚水柔軟我們的心吧。感情受創的那一刻，我們心中的高牆終於崩塌，給了我們一個學習的契機。我們從中學習到了什麼是幻相，什麼是真相；什麼是一定會摔碎的偶像，什麼是永遠須臾不離的愛。

很多關係裡的衝突，包括背叛，都是在考驗我們的信心。除非嘗過被背叛的滋味，否則不會真正明瞭它的涵義。當朋友拿刀對著我們時，沒有什麼比這個更痛苦的了。

在《奇蹟課程》裡，耶穌說，照世間的角度來看，他是一個被背叛的人，但是他自己卻不這樣看待。耶穌知道自己並不是真的被背叛，因為凡不是出於愛的，都不是真實的。所以，當別人攻擊我們，當良藥苦口，當我們得用盡全力不讓自己崩潰時，到底該怎麼辦？我們的慰藉又在哪裡？

曾經有人告訴我，孔雀的美麗羽毛來自牠吃下的荊棘。這畫面多美麗啊！我們必須消化艱難的課題，才能成就自己的美麗。但事實，也不盡然如此。說也奇怪，只有當我們夠敞開自己，才能完全瞭解恐懼。抗拒和防衛只會讓錯誤變得更牢不可破，平添更多痛苦。

如果耶穌當時吼回去說：「我恨你們這群傢伙！」故事就會截然不同，也就不會有後來的復活了。耶穌創造出他的得勝，是因為無論人們如何對待他，他始終毫無防衛之心並充滿了愛。身體可以被摧毀，但真理永存。耶穌死後，過了象徵性的三天，然後真理再次出現。從釘十字架與復活之間的這三天，象徵著用敞開的心回應傷害，並等待必定隨之而來的重生。

我常常對自己和別人說：「這只不過是那三天，撐下去、撐下去。」當朋友背叛我們，或欺騙我們，我們會興起防衛和反擊的念頭。但是，《奇蹟課程》告訴我們，「**不設防就是我的保障**。」[49] 當我們說：「我願意後退一步，讓上主來領路。」我們就重新得著了力量。我們內心的基督能夠化解一切攻擊，祂絲毫不受任何缺乏愛之物的影響。只有當我們相信會受到恐懼的影響時，恐懼的影響力才會真的發生。我們之所以需要防衛，是因為認同了攻擊者的力量，所以才會把攻擊當真。

面臨極大的傷痛，我們需要極大的勇氣才能堅定信心。我們要了悟到，反擊只會助燃虛妄戲碼的熊熊烈火。愛會在我們周遭，創造一個無形的防護罩，保護我們不受侵擾。當我們置身失敗、被背叛或任何一種危難中時，記得這句能帶給我們力量的話：「你們要安靜，要知道我是誰。」（Be still and know I am.）真理永遠不會被摧毀。《奇蹟課程》說，除了時間之外，我們別無損失，而時間根本不存在。

婚姻

你們必已共同迎請聖靈進入你們的關係了。50

如同其他事物一樣，婚姻也可以為小我或聖靈所用，它的走向從來都不是預先設定好的。婚姻是一個活生生的有機體，不斷反映出個人所做的種種抉擇。儘管世上被視為神聖的東西已越來越少，我們仍須以敬畏的心看待兩人之間的約定。開悟的婚姻，意味著雙方都願意參與彼此成長和寬恕的過程，並將服務上主視為一致的目標。

有一位男士曾經告訴我，他和前妻在一起的第一年，兩人的關係十分融洽。那時，他們積極參加一個成長團體。等他們離開那個團體後，婚姻也跟著告終。這並不是說，那段婚姻的價值就要被抹煞；而是說，婚姻突顯出某個比單方或雙方的個人問題更廣大的課題。

為什麼比起其他的關係形式（例如，一對同居的情侶），婚姻需要更深的投入？因為婚姻是一種約定。在婚姻裡，無論雙方怎麼吵，沒有一方可以說離開就離開，因此雙方都能安全地去經歷內心深處的情緒，特別是當對自己誠實時，往往會引動許多深藏的怒火。但是，你知道自己是安全的，這裡不會有人準備隨時揚長而去。

人們在眾人見證下，宣示信守婚姻的承諾。當賓客出席一場婚禮，猶如參與一場宗教儀式，在眾人的祝福下，這段關係被賦予一道保護的光環。

婚姻是上主送給雙方的禮物，這份禮物應當再交還給上主。妻子是上主所賜的禮物，而丈夫也是。上主只會給出祂為我們預備好的對象，因此婚姻也是上主給世界的祝福。在婚姻中，雙方都會比自己一個人時學到更多，整個世界都會因為某段關係的療癒，而同蒙祝福。《奇蹟課程》的〈學員練習手冊〉中，有一課是這樣說的：「**當我痊癒時，我不是獨自痊癒的。**」[51]

伴侶的支持和寬恕，支持著我們前進。《奇蹟課程》告訴我們，愛應該是包容的、不具排他性的。幾年前，有一首流行歌曲是這麼唱的：「我們一起逃離世界吧。」（You and me against the world.）如果哪個男人跟我說這句話，我會告訴他，我們結婚不是為了逃離世界，而是為了一起療癒世界。

在聖靈的指引下，一對結婚的伴侶會彼此承諾，讓原本屬於個人的資源（無論是物質、情感或精神資源）能為對方所用。當我們付出，自己會有所收穫。服務別人不是犧牲自己，而是把另一個人的需求置於優先，就像是看待自己的需求一樣。小我總是認為，一個人想要得到，另一個人就必須犧牲。但是，當聖靈進入一段關係之中，祂會為參與其中的雙方帶來雙贏。婚姻給了我們一個絕佳看透分裂幻相的機會。已婚伴侶所想的，不應只是怎麼做才對自己有好處，而是怎麼做才對彼此都有好處，這是婚姻得以療癒上主之子的原因。

正如其他事物，婚姻成功的關鍵在於保持覺察及臣服。也就是說，將婚姻交給上主，並且讓婚姻為祂的目的所用。有人說，家人一起禱告會更有凝聚力，這話千真萬確。開悟婚姻中的成員，不僅是夫妻雙方而已，還包括一個神聖的第三方——聖靈。我們請求聖靈，引導自己在婚姻裡的一切知見、想法、感受及行動，如此，婚姻和其他所有事物，都能依照上主的旨意行在地上，如同行在天上。

寬恕父母、朋友和自己

人間再沒有比「千古宿怨化為眼前之愛」更神聖的地方了。[52]

每一個覺醒的人，都要經過寬恕自己父母的那一關。

不論我們相信與否，母親都是我們心中成年女性的原型，而父親則是我們心中成年男性的原型。如果你是一位對母親有怨的男性，將很難不把罪咎投射在其他女性身上；如果你是女性，那麼在成為女人的過程中，你將難逃自我譴責的戲碼。相反地，如果你是一位怨恨父親的女性，將很難不把罪咎投射在其他男性身上；如果你是男性，那麼在你成為男人的過程中，也會一樣難逃自我譴責的命運。

就是這麼一回事。所以，某個程度上來說，我們寬恕某人，是為了**決定**讓自己好過。療癒發生在當下，而非發生在過去。讓我們卡住的，不是以前沒得到愛，而是現在沒給出愛。上主若非具有讓人生煥然一新的能力，就是沒有這種能力。難道上主會看著我們說：「我很想給你一個快樂的人生，但是你的母親糟糕透了，連我也愛莫能助。」

當今世上有很多討論，談的都是在問題家庭中長大的孩子。可是，誰不是在有問題的家庭裡長大的呢？畢竟整個世界都出了問題！但是，我們所經歷、看見或做過的一切，都可以被用來讓現在的生活更有價值。我們因為那些經驗而成長，從而能超脫那些經驗。這種說法對於不斷強調、頌揚、崇拜、創造痛苦的小我來說，不啻為一種褻瀆。因為痛苦是小我的養分，而寬恕則是它的天敵。

寬恕，是唯一能引領我們出離地獄的路。無論我們寬恕的是父母、某個人或是自己，心靈運作的法則都一樣：當我們去愛，痛苦就被釋放；當我們拒絕愛，痛苦就留下來。在每一刻，我們要不是把愛延伸出去，就把恐懼延伸出去。每一個念頭，要不是帶我們前進天堂，就是帶我們往地獄裡去。我們該怎樣才會記得「必須成雙成對才能進入諾亞方舟」？如果少了弟兄，我們是無法回家的。

愛的關鍵在於操練和決心。我在自己和其他人身上看到的，不是紙上談兵說愛的力量有多大。我看見愛的真實不虛，也看見自己多麼抗拒愛。我還是常常緊抓怨尤不放，好像抓著怨尤比放掉怨尤更幸福。這整個世界都建築在恐懼之上，這恐懼的體系不可能一夕瓦解。但是每一刻，我們都可以精進自己的生命。每一次，當一個慈愛的念頭出現，這個世界就多得到一分的療癒。德蕾沙修女曾說，世界上沒有偉大的事蹟，只有灌注了偉大的愛的微小事蹟。

每個人都有不同的恐懼，並且會以不同的形式顯化出來。但是，每個人獲得拯救的方式卻是相同的：呼求上主拯救我們的心靈，進而拯救我們的生命。「不教我們遇見試探，救我們脫離兇惡。因為國度、權柄、榮耀，全是祢的，直到永遠。」—（譯註：作者引用自《新約聖經．馬太福音》）

第七章 工作

我在這兒，純粹為了利益眾生。
我在這兒，只代表派遣我的那一位。
我不擔心自己該說什麼或做什麼，派遣我來的那一位自會指點迷津。
祂希望我去的地方，我必然欣然前往，因我知道祂與我同行。
只要我肯用祂的方式去治療，我便療癒了。[1]

將工作交託給上主

祂為你決定並代你接受任務，因祂看得出你真正的長處，同時深曉它在何處、在何事、對何人，以及何時方能發揮最大的作用。[2]

成功，就是每晚入睡前，知道自己的才華和能力，已經透過某種方式用於服務他人。無論那些服務換來物質上的富足，或是拯救世界般的痛快感，真正滿足我們的，是人們眼神中透露出的感激。

救贖就是無論遇到什麼事，都把愛放在第一位。工作也是如此，你工作是為了散播愛。你寫的劇本應該散播愛，你的美髮沙龍應該散播愛，你的公司應該散播愛，你的人生應該散播愛。事業成功的箇中訣竅，在於明白工作和生活的其他部分並非分裂的，工作是你本我的延伸，而你的本我就是愛。

知道自己是誰，以及為什麼會來到這裡，比知道你想做什麼工作來得重要。你是上主之子，你來到這裡是為了療癒別人、療癒自己。你想要做什麼，並不是一個重要的問題。你應該問的是，「我該如何去做**每一件事**？」

答案就是，「帶著仁慈的心去做。」人們通常不會把做生意和仁慈聯想在一起，總認為生意就是單純的賺錢而已。但是，奇蹟志工做生意不是只為了賺錢，而是要在做生意中，把愛注入這個世界。

每個人在「上主的救恩計畫」（God's plan for salvation）裡，都有一席之地。聖靈的工作是為我們揭示人生使命，並協助我們去完成。

我們無須自行決定該扮演的人生角色，而是要請聖靈揭示祂要我們往哪裡去，以及做些什麼。換言之，要把自己的工作交託給聖靈。在第二次世界大戰期間，同盟國的將軍們聚在一個指揮中心裡發號施令，掌握所有軍情。前線的指揮官們，無須通盤瞭解整體軍事計畫，只須聽命行事並相信一切都會調度得宜。我們也是如此，也許不知道如何發揮才華，或在哪裡發揮才華才是最好的，但是聖靈都知道。《奇蹟課程》教導我們，避免自己去規劃，而是跟隨上主的計畫。

有些人會說：「但是，我不放心把事業交給上主。我是一個音樂家，萬一祂要我當會計師怎麼辦？」上主何苦這麼做？難道祂不會讓某個對數字更有概念的人，去做會計師的工作嗎？

如果你對音樂很有天分，那是上主賜予你的。如果做某件事讓你發自內心覺得快樂，那是上主在告訴你，祂想要你在這件事上有所貢獻。唯有與人分享自己的天賦所在，才會感到快樂。我們最有力量的時候，就是快樂的時候，上主的力量在那時最能得到彰顯。

《奇蹟課程》說，唯一真正的喜樂，來自實踐上主的旨意。無論在哪個生命領域，救贖的關鍵都在於人生目標的轉變。當我們把自己的關係、工作和身體健康等等，都奉獻於上主的目標，並祈求上主拿它們當作療癒世界的工具時，它們將重獲新生。

人生目標的轉變，就是奇蹟。一如往常，我們可以請求上主讓改變發生，「親愛的上主，請賦予我的人生新的目標。請讓我為祢的平安效力，請用我的天分和才能去散播愛。我把工作交在祢的手中。請幫助我記得，自己真正的工作是去愛這個世界，讓它回復到健全的狀態。謝謝祢。阿門。」

上主的旨意

祢願我做什麼？
祢願我去哪裡？
祢願我對什麼人說什麼話？[3]

人們常自問：「我該選擇上主，還是選擇快樂？」有些宗教組織，把靈性生活塑造成一種犧牲、禁欲的表現，所以對有些人來說，很難想像和上主緊密相連的生活會充滿喜樂。《奇蹟課程》說，唯一真正的喜樂，來自實踐上主的旨意。

上主從來不要我們犧牲。在找到更高的人生目標**之前**，我們一直都是過著犧牲的生活。我們犧牲了記憶，忘記自己的美麗，也忘記來到世上的重要任務。為此，我們犧牲了很多。當一個人忘記了所為何來，自然很難在抵達後全力以赴。唯有愛能為我們指引方向，並為心靈注入能量。

只要願意把工作交給聖靈，無論哪一種工作，都可以在上主救恩計畫中克盡功用，沒有任何工作偉大到或渺小到無法為上主所用。你內在的宇宙擁有無限力量，其他人也是如此。沒有什麼工作能讓人居功，也沒有什麼工作能讓人羞愧。真實的力量源自內在，但這力量並不屬於我們所有。《奇蹟課程》說，在上主之前保持謙遜，因為偉大的是祂。記著這一點，可以讓我們保有自己的純潔無罪（innocence），而只要我們保有純潔無罪，上主的大能就會持續注入我們；忘記這一點，隨時可能失去這些力量。

記得有一天，我向女性友人瓊抱怨自己很不快樂，她回問我說：「瑪莉安，我不想要批評你。但是，你可曾想過自己為其他人做了些什麼事嗎？」當時的我，確實很少為別人付出，她這番話對我有如當頭棒喝。幾年後，我歷經了生命中最深沉的憂鬱期，從此，人們的痛苦遂成了我最關切的事。我想，如果有人和我一樣深受內心撕裂之苦，我會很渴望能伸出援手。我似乎聽見上主在對我說：「人們深深受苦，你的周遭到處有受苦的人。你只是沒注意到他們，因為你一直在忙著購物血拼。」

就像很多人一樣，過去的我一直擔憂著人生該怎樣才好。我從來沒辦法在一件事上堅持太久，也沒辦法好好地工作賺錢，或找到一份真正滿意的工作。我覺得整個人像是癱瘓了一樣。我曾經絕望地問上主，祂究竟要我知道什麼，我想要有所改變。於是，我跪了下來，讓自己進入靜心狀態。隨後，我看見一片光輝耀眼的天空，以及一群遊走在雲端的天使，祂們為我捎來上主的答覆。其中一位天使拿著一個卷軸，準備將卷軸打開。我靜候著上主的訊息，心臟狂跳。慢慢地，在卷軸上浮出的字母開始成形為句子，上頭寫著：「瑪莉安，你是一個被寵壞的小孩。」

幾經思考，我終於明白自己一直感到人生癱瘓的原因，那是因為我失落了自己為什麼來到世間的記憶。上主給了我一個完美的答覆，讓我知道自己是一個被寵壞的小孩，這答案是啟動我能量的關鍵。我明白到，我的問題在於心中只有自己，不夠關心周遭的世界。如同一些演員，花很多時間學習怎麼演戲，卻忽略了學習怎麼生活，最後，變成了二流的演員，因為他們無法呈現出生命中真實的東西。

有時候，我們之所以失去力量，是因為忘記了自己為什麼擁有力量。我們傾心鑽研如何經營生意，卻從未停下來思考，除了賺錢之外，我們為什麼要經營生意？這種態度綻放不出閃耀的靈性光芒，而自九〇年代之後，宇宙越來越難苟同這樣的事。

個人的力量

所有的能力都屬於上主。4

不要求上主給你一份光鮮亮麗的工作，而是要請祂幫你看見自己內在的光。唯有意識到自己的光輝，才能將它彰顯於外。一旦安然度過內在的情緒風暴，穩定而有意義的外在事件就會發生。每一個人遲早都會經歷內在的風暴，它就像預設在我們身上的一組密碼，為了開啟靈性成長而存在。

我們的成就，並非自己做了什麼，而是自己是誰，我們在世間能行使的一切力量，都來自這一認知。

真正成功的人，不一定是做最多事的人，而是能讓身邊的人把事情做好的人。印度精神領袖甘地、前美國總統甘迺迪，都是這樣的例子。他們的偉大之處，在於喚起周遭的人的內在能量。而他們之所以做得到，是因為先走進了自己的內心最深處，因為從那裡，才能觸及別人的內心。

這種以無形的內在力量影響世界的神魅（charisma），是上主之子的天賦權利與任務。「神魅」本來是一個宗教用語，意思是「屬靈的」（of the spirit）。開創新局的先驅者，總是往內走的，因為真正的創造力，都深藏在內心。我們該做的，不是去擴充向外攫取成就的能力或意志，而是拓展接納內在生命本質的能力。

一個人的力量來自於認真看待生命，我們多認真地看待生命，生命就會多認真地回應我們。生命中，最需要被認真看待的，莫過於愛的重要性。當我們認清愛才是工作的目的時，奇蹟就會源源不絕而來。

《奇蹟課程》探討過一個傳統基督教的概念——「聖靈的恩賜」。這個觀念是說，當我們把人生交給聖靈，為聖靈的目標而服務時，就會冒出新的天分來。我們要做的，不是把別人的人生交給上主，而是把自己的人生交給祂，之後，事情自然會各就其位。當我們敞開自己的心，才華和天賦就會各得其所。

很多人會說，要是有一天成功賺大錢了，一定會回饋、救助這個世界。但是，這只是小我的緩兵之計，它不要我們發光發熱。其實，就算現在尚未成功賺大錢，還是可以在工作崗位上，為療癒世界盡份心力。從這力量之點（point of power）開始，我們的工作將徹底轉變。

無論我們的工作是什麼，都可以作為傳遞福音的事奉（ministry）；無論工作形式有何不同，內涵都是一樣的——把上主的救贖傳遞到人們心中。當我們和某個人說話、看見某個人，甚至想到某個人時，就是為宇宙注入更多愛的機會。從女服務生到電影製片廠的老闆，從電梯管理員到國家的元首，對上主來說，沒有誰的工作是不重要的。

瞭解這一點，並把握每一個療癒的機會，你就會得到一股照顧你世間生活的能量。愛讓你吸引力十足，像磁鐵一樣。而且你吸引來的不只是人，還包括各式各樣的經驗，這些經驗反映出你獻給上主的東西。吸引力的強弱，取決於你自己的決定。只要想成為一個有吸引力的人，你可以在任何一刻選擇成為那樣的人。選擇在此時此刻，成為傳遞愛的管道、為上主所用，就是選擇拾回自己的力量。

《奇蹟課程》教我們，每一個上主之子都擁有相同的力量，沒有誰擁有「特殊」的力量。每個人都是特別的，也都不是特別的。在傳遞上主的光和愛這件事上，沒有誰比其他人更有潛力。很多關於成功的傳統觀念，是建立在認為自己是「特殊的」，以及自己「能提供特殊才能」的基礎上。然而真相是，沒有誰是特別的，因為在基督的一體性（oneness）之內，分別與分裂都不存在。特殊性只是一個虛幻的念頭，它會衍生出諸多恐懼。

貝多芬、莎士比亞和畢卡索的作品，與其說是他們**創造**出來的，倒不如說是他們進入自己的內心深處後，**表達**出上主的創造。他們的才華在於表達，而不是創造。這就是為什麼我們總會覺得偉大的藝術能夠撼動人心，因為它們表達出了**我們**渴望說出的心事。當心中那些早已知道的記憶被喚醒，我們的靈魂會為之顫動。

《奇蹟課程》說，終有一天，我們要把上主所賜的天賦，分享給每一個人。每個人都有無限的潛能，可惜我們從小就不被鼓勵去開發。當有人告訴我們，考試要得到前三名，或是做這個可以得到甲，做那個會得到丙時，恐懼就滲進我們心中。過一陣子後，我們連嘗試去做都會害怕。

我們唯一需要給出的，只是自己能力所及之物。只不過，小我認為這樣還不夠，要我們去追尋一個「更好的自己」。小我總是佯裝在保護我們，但實際上，它不但沒有保護我們，還阻礙我們探尋自己的真面目。小我不讓我們綻放光芒，也不允許我們把發光的喜悅帶給別人。

我很喜歡一個故事，有個小女孩把她的一張畫拿給老師看，上面畫了一棵紫色的樹。老師看了之後問說：「小寶貝，這世上沒有紫色的樹。你怎麼畫了一棵紫色的樹呢？」

「真的嗎？真糟糕。」小女孩說。

我們總認為錯的是自己，相信必須自我改造，永遠都在忙著修補自己。之所以會如此，是因為我們寧可作一個安全的人，也不願作一個真實的人。

一朵鬱金香不會努力讓人印象深刻，也不會拚命想讓自己和玫瑰不同，因為不需要！它們本來**就是**不一樣的。花園裡的每一朵花，都擁有自己的姿態。你不需要拚命讓自己的五官，看起來和其他人的五官不一樣，因為本來就不會一樣。你是獨一無二的，你就是這樣受造的。看看幼稚園裡的孩子吧，他們從來不會努力搞特別，因為他們本來就不一樣。只要能無拘無束地作自己，自然就會散發著光彩。只有當孩子後來被教導去競爭，要比別人優秀時，他們本然的光芒才開始變得扭曲。

每個人內在的上主之光，正是《奇蹟課程》所說的莊嚴偉大（grandeur）；而小我粉飾出的自然狀態，則是《奇蹟課程》所說的浮華虛誇（grandiosity）。《奇蹟課程》說：「**分辨偉大與自大並非難事，因為偉大只會得到愛的回報，不會淪為驕傲。**」[5] 那些出自於小我的妝點，妨礙了我們展現自己真實的力量。這是小我的計謀，企圖阻撓我們認清自己真正的價值，讓我們從別人的眼光中去評定自己。

小我的目標就是分裂。過去的我，一直在搭情緒的雲霄飛車，有時候覺得自己比別人優秀，有時候又覺得自己差勁透了。「我比較好……不，我沒那麼好。我比較好……不，我沒有那麼好。」不管是比較好，還是比較差，都一樣虛幻。真相是我們和其他人無分無別，沒誰比較好，也沒有誰比較差。在本質上，我們都是一樣的，都是擁有無限大能的生命。然而，力量雖然在我們之內，卻不屬於我們。是我們內在上主的靈，點亮了我們，讓我們的人生充滿朝氣。否則，單憑我們自己，實在成就不了什麼大事。

一直以來，這個觀念對我的工作有很大的助益。有時候，我步上講台，底下坐著超過一千名聽眾，我無法想像自己可以帶給聽眾什麼不得了的內容。但是，我就只是做自己份內的事，我不需要去爭取任何人對我印象深刻。當我這樣想的時候，就不需要費力地去做些什麼，只要放鬆去講就好。我站在講台上時，從不尋求別人覺得我很特別，因為我知道我根本不特別。我只是像在和朋友說話一樣，帶著熱情話家常。除此之外，別無其他，其他的都是幻相。上主之子不必假裝自己是何許人也，也無須虛張聲勢。

我們往往以為，裝腔作勢才會受到矚目。這其實是很可悲的想法。《奇蹟課程》說：「**自大不過是小我想要掩飾自己的絕望而已。**」6當我們放鬆自在、隨遇而安時，基督之光才能遍照我們的內心，掃除虛浮的幻相。問題是，我們害怕放下自己的面具。在無意識中發生的，不是我們護衛著自己的渺小無助，而是小我在抵抗上主。

我對《奇蹟課程》的詮釋是，「我們最深的恐懼不是自己不夠好，而是自己無所不能；害怕的不是自己的陰暗，而是自己的光明。」我們不時質疑自己：你憑什麼發光發熱，自以為是才華出眾？事實上，憑什麼你**不能**？你是光明的上主之子。為了不讓身邊的人感到威脅，你刻意壓縮自己，但是世界不會因此變得更好。你注定要閃閃發亮，我們來這世上就是為了彰顯上主的光輝，如赤子般光芒萬丈。這不是少數人的恩寵，是每個人內在皆具的力量。唯有當我們鋒芒畢露，才會允許別人也同樣耀眼。唯有當我們擺脫恐懼，我們的存在才能讓別人也同獲釋放。

奇蹟志工是靈魂的藝術家，而這世上沒有比活出美好更高的藝術了。藝術家的工作是告訴我們，在我們的面具底下，有什麼該被善用。我們活在世間，就是為了做到這一點。很多人之所以有明星夢，正是因為還沒在自己的生命裡經驗過閃耀。然而，宇宙的鎂光燈不是從外**照射**在你身上，而是從你的內在**輻散**出來。過去的我，一直在等待某個伯樂來發掘我、「打造」我，最好就像女星拉娜·透納（Lana Turner）在藥局被星探挖掘成為明星一樣。

最後，我終於瞭解自己等待的伯樂，就是我自己。如果我們被動地等著有一天能閃耀光芒，永遠都不會有那一天，因為小我不會允許這種事發生。只有上主才會允許，而且祂已經允許了。祂差遣你來到這世上作祂的代言人，徵求你成為把愛傳遞到世間的管道。你還在等待一個更重要的任務嗎？沒有比這更重要的任務了。

在上主的計畫中，每個人都有不同的分工，因此都彌足珍貴。我們越打開自己的心，就越會朝向自己該前往的方向邁進。我們的才華會從內在湧現，然後自然而然向外延伸，任何工作都能毫不費力地完成。

達文西怎麼可能不繪畫？莎士比亞怎麼可能不書寫？在《給青年詩人的信》（*Letters to Young Poet*）一書中，里爾克（Rilke）告訴一位年輕作家說，只有當他覺得**應該**動筆的時候，才去寫作。當我們感受到內在有一股強烈的驅力，催促著去做某一件事時，就應該順從它去做。那是我們的力量之點，是生命得以閃耀的源頭。我們的大能不是靠理智或意志得來的，而是出於上主的旨意、祂的恩典。

金錢

喜悅原本是無價的。7

去做你喜歡的事，做你的心會歡唱的事，**永遠不要為了錢而工作**。要為了散播喜悅而工作。專注在尋求天堂，當時機成熟時，瑪莎拉蒂（Maserati）跑車自然會來到你身邊。

上主沒有所謂的貧窮意識（poverty consciousness），祂不希望你過著無趣的人生，做著無趣的工作。祂並不反對世上的任何事物，因為對祂來說，金錢並非邪惡，只是不重要。就像世上所有事物一樣，我們也可以用神聖或不神聖的方式來使用金錢。

我經營過一家小書店，有一天，一個男子走進店裡說要教我怎樣賺錢。他說：「每個從店門口進來的人，都是潛在的顧客。當客人走進店裡時，你應該默默地對自己說：這是潛在的客戶，這是潛在的客戶。」

對我來說，他的建議聽起來很市儈，他要我把每個人都看成是白花花的銀兩。我為此祈禱，然後收到這樣的訊息：「你的書店是一座教堂。」就《奇蹟課程》的角度來說，教堂指的是靈魂相遇之地。它說的不是外在層面，而是內在層面的狀況。人們來到你的店，不是為了讓你**得到**什麼；他們被差遣來，是為了讓你給他們愛。

祈禱完之後，我得到一種「我的店是一座教堂」的感覺，明白自己唯一的工作，是愛那些來到這裡的人。我確實這樣做，每當看見客人走進來，我都會默默地給予祝福。進門的客人不見得每次都會買書，但是他們受到店裡平靜的氛圍所吸引，開始喜歡到這裡來。人們也許不知道這樣的氣息從何而來，但是當我朝他們送愛時，他們一定都能感受得到。

我總是很驚訝於有些店家的店員非常無理，好像他們讓你進去是給你恩惠一樣。無禮的態度，會破壞這個世界的情感品質（emotional fabric）。在我的老家休士頓，人們不會去充滿負面能量的店，因為待在那裡讓人覺得渾身不舒服。

如果工作的目的是為了錢，我們的創造力會受到扭曲。例如，如果我把賺錢當成是講課的最終目的，那麼我念茲在茲的會是學生想要聽什麼，而不是我認為哪些話很重要，應該告訴他們。而後，我的能量會因為努力想吸引別人繼續回來上課、買課程，或讓他們帶朋友來上課而變得污濁。但是，如果我工作的目的是傳遞上主的愛，我需要做的就只要打開我的心、我的腦，以及我的嘴巴。

當我們完全為了錢而工作，動機是得到而不是給予。在此，奇蹟指的是我們從銷售的心態，轉變成服務的心態。除非完成這個轉化，否則注意的都是世上的其他東西而不是愛，因為在轉化之前的我們，都是靠小我在思考行動。這種類似偶像崇拜（idolatry）的作法，會讓我們陷入恐懼之境，在那裡，我們和一切情感變得疏離——我們不僅害怕失敗，也害怕成功。我們越接近成功，就會越害怕成功；越靠近失敗，就會越害怕失敗。問題的癥結不在於成功或失敗，而在於恐懼一直都在。當愛不在，剩下的必是恐懼。

就像其他事物一樣，金錢也可以是神聖或不神聖的，這端看我們的心靈指派什麼目標給它。我們傾向以看待性的方式來看待金錢，明明對財富有欲望，卻又批判這種欲望。這樣的批判使得欲望遭到扭曲，所以錢才會被視為銅臭。由於我們羞於承認自己想要這些東西，便用隱晦的方式假裝自己不想要，甚至當我們表現出欲望時，還要譴責它。真正不純淨的不是錢或性本身，而是我們的心念。錢和性只不過是一張空白的畫布，是我們將自己的罪咎投射其上。

正如同恐懼的心念是性雜交（promiscuity）的根源，性也不過是表達恐懼心念的途徑而已。同樣地，金錢也不是貪婪的根源，匱乏的心念才是貪婪的源頭，金錢只是表達此一心念的方式之一。不論是金錢或性，都可以為神聖或不神聖的目的所用。

我們對財富的批判，實際上是小我的計謀，小我想藉此確保我們永遠什麼都沒有。有一次，我開車到休士頓一個非常富裕的社區去，心裡想說：「住在這裡的人，都在替壓榨第三世界的大型跨國公司工作。」突然間，我把這樣的想法打住，然後問自己，**我**怎麼知道這些人是如何賺錢的？我怎麼知道這些人是如何使用他們的錢？我用社會正義來包裝自己愛批判的態度，但實際上是小我在確保**我**永遠也不會富裕。內心不允許別人擁有的，自己也不可能會擁有；相反地，我們祝福別人得到的，將會來到我們身邊。

我還小的時候，很喜歡這個信念：如果我是個窮人，我就可以表現出和窮人同屬一國的革命情誼。但是，現在的我終於看出，隱藏在這種想法背後的，其實是害怕自己認真賺錢結果卻一敗塗地的想法。我後來才明白，比起我的同情，窮人更需要的其實是錢。貧窮和純潔或靈性一點關係也沒有。我們會看到有些窮人非常虔誠，但是，貧窮本身不必然會造就虔誠的心。我認識一些非常有靈性的有錢人，也認識一些窮得連靈性都失去的人。

《聖經》上說，有錢人要上天堂比駱駝穿過一根針的針眼還難，因為對金錢的執著很容易讓人偏離愛。道德規範（moral imperative）的目的不是為了阻擋金錢進入我們的生命，我們真正的挑戰，要和金錢建立靈性化的關係，明白金錢的存在只為了用於療癒世界。

在一個開悟的社會（enlightened society）裡，有錢人的財富不見得會比其他社會裡的有錢人來得少，但是窮人擁有的財富卻會比其他社會裡的窮人來得多。和小我的認知相反的是，問題不只在於財富的分配，還包括人們對財富的意識（consciousness）有偏差——錢不會不夠用，因為錢不是有限的資源；我們窮，不是因為有錢人霸佔了很多錢。我們窮，是因為我們沒有帶著愛去工作。

一定要記得一件事：我們的錢都是上主給的，而且我們想擁有的，都是祂希望我們能擁有的，如此我們才有資源去做上主希望我們做的事。上主希望我們把一切的物質資源，都用來創造自己最大的快樂。小我試圖讓我們以為，上主要我們犧牲自己，過著服務他人的清貧生活。但是，事實並非如此。我們活在世上的目的是快樂，而聖靈的任務，就是要協助我們達成這個目標。聖靈會提供一切讓我們足以快樂活著的物質條件，不會阻礙我們獲得那些豐盛。

很多療癒世界的工作有待我們去做，其中有一些還所費不貲。聖靈為了讓我們能夠推動這些任務，通常會送錢到我們身邊。對錢負責任的態度就是我們敞開自己，願意接納一切的發生，信任該來的錢一定會來。

在金錢上請求奇蹟的發生，是請聖靈幫我們清除所有接受金錢的障礙。這些障礙會以各種想法呈現，例如：錢是不潔的，有錢代表貪婪，有錢人都是壞蛋，或我不應該比我父母賺更多錢。有錢其實只是表示，我們有更多的錢可以去雇用別人，並用於療癒世界。

關於金錢，有一個重要原則我們應該謹記在心：錢是對別人提供服務的回報。吝於讓別人賺錢維生，自己也會遭到同等的待遇。我們給出什麼，就得到什麼；我們對別人私藏什麼，別人也會對我們私藏什麼。對宇宙來說，不管你暗槓的對象是一間大公司，或是一個和善的老奶奶，這兩者之間並沒有什麼不同。

坦誠的人永遠會受到宇宙的支持。有時候，我們負債吃重、心情混亂，被重擔和罪咎壓得喘不過氣來，我們於是選擇自我麻痺，任由自己無意識地過著生活。我們把帳單塞進抽屜裡，想要眼不見為淨，或是把自己的電話號碼換掉，躲起來不讓債主找到。但是，這種作法不會受到宇宙的支持。

一個真正成功的人，並非從來沒有失敗，只是當他跌倒時，他會努力讓自己再站起來。一如往常，你應該做的是祈求奇蹟的出現。再說，美國也沒有任何一所監獄是為了關債務人用的。《奇蹟課程》說：「**奇蹟是每一個人的天賦權利，但你需要先淨化自己的心靈。**」8 純潔的心，能夠創造突破瓶頸的奇蹟。

如果你有欠費的帳單，那麼不管你欠了多少錢，寫一封信給那家公司或是債主，向對方坦承你付不出錢的窘況。如果情況許可的話，甚至就直接去向他們道歉，並且讓他們知道你正在擬定一個具體有效的還款計畫。你可以隨信附上第一筆還款給對方，但不用定下一個太高的金額，免得和自己的生活過不去。如果你一個月負擔不起十五塊美金，那也沒關係；若是你只能負擔五塊美金，就寄五塊美金給他們吧。但是，你必須確定自己會定期準時把錢寄出，就算你欠的債務有五萬美金之多。

《奇蹟課程》說：「**奇蹟沒有難易之分。**」9 無論問題的樣貌、形式或大小為何，奇蹟都能迎刃而解。奇蹟的意思是，我們可以在任何一刻重新開始。只要現在就把心念轉向美好的方向，那麼無論遇到什麼問題，宇宙都會協助我們收拾善後，然後重新開始。悔改（repent）即意味著，重新思考。無論在哪件事上，我們支持宇宙到什麼程度，宇宙也會同等地支持我們。

大多數的人從小就被灌輸了特定的金錢觀，無論對金錢是需索無度，或是保持距離。大人用語言或非語言的方式教我們說，金錢非常重要，或是金錢很俗氣、很難賺，甚至說它是萬惡的淵藪。有些人擔心自己要是賺不了錢，就不會被別人喜歡；有些人則擔心自己要是太會賺錢，就會被別人討厭。無論對個人或社會而言，我們都需要徹底治癒自己對金錢的負面信念。

我們可以這樣禱告：「親愛的上主，我把我對金錢的所有想法、我的負債和財富都交託給祢。請祢打開我的心，讓我敞開地接納一切豐盛。請祢透過我來傳遞你的豐盛，教我如何服務這個世界。阿門。」

事奉

你的任務是祂指定的，祂不只託付你這一任務，還會賜你了解它以及實現它的能力；只要是與此有關之事，祂都會幫你圓滿完成。10

感謝上主賦予你才華，或想昇華這份才華最好的方法，就是把它與眾人分享。如果你願意讓你的天賦來為上主所用，那麼你將得到更多的力量。

把你的事業當成對上主的事奉，讓工作成為你表達愛、為人服務的管道。在幻相的世界裡，每個人看似從事不同的工作，有些人是藝術家，有些是生意人，還有一些是科學家。但是，在真實世界裡，這些分別都被超越了，我們其實是在做一樣的工作，那就是照顧人們的心。在這裡所有的人，都是上主的執事（minister）。

幾年前，我回到老家休士頓參加高中話劇社的同學會，我們的指導老師皮克特（Pickett）先生當時正準備退休。為了向他致敬，他以前的學生紛紛從美國各地回去看他。晚餐時，大家談論著有很多他的學生都已成為大名鼎鼎的演員。

表演課看似教的是表演，但是皮克特老師其實是在傳授人生的智慧。當你明白以下幾點，你就會知道如何能在工作上獲得成功：第一、把你的私人問題留在後台；第二、用真誠而不造作的態度來運用素材（material）；第三、無論台下有多少觀眾，都要用心演出。明白任何一件事物中蘊藏的真理，等於明白了所有事物中的真理。無論服務的形式為何，當我們在學習做好它的時候，其實就是在學習成功的法則。

關於工作，我的體認是：我這一生只有一個工作。我曾做過許多工作，而它們都有一個共同的要素——「我」。我發現，當我在做某一份工作時，工作的形式主要和我當時正處於人生的哪個階段有關，無論工作的形式為何，它們都是為了教我一些和個人成長相關的課題。

作為上主的執事，工作只是我們表達個人願心，以及說明什麼對我們真正重要的媒介。知道我們的行事作為，是為了一個更高的目的，而非只是用來證明個人的價值，那麼我們便會得到一直在尋尋覓覓的喜悅。無論我們做什麼，無論我們的工作是什麼，它都可以成為傳遞救恩訊息的管道。我們要傳遞的訊息是：上主之子是純潔無罪的，而我們每個人都是上主之子。仁慈地對待上主之子，將能讓這個世界得到轉化。

我們不一定要透過言語傳遞真理，有時候透過非語言的身體力行，更容易讓人相信。然而，大部分人的問題是，在意表達的方式勝過要表達的內容，因為他們並非真的知道自己想要表達什麼。在我們這世代的文化裡，多的是拚命想要揚名立萬的人，可惜的是，他們的動機都偏差了。

我認識一些想要成為鎂光燈焦點的人，即使有一天夢想成真了，他們卻不知道該在眾人面前說些什麼。這樣的態度擺明了，真正想要的其實是唱片合約，而不是做音樂所帶來的滿足。創作所能給予的最大回報，就是創作過程中洋溢的喜悅。我們的創作如果不是為了體驗到被光、愛或上主的喜悅所充滿，而是為了其他的動機，那麼，創作的成果將缺乏與上主的一體性。這種創作反而會耗損我們，把我們寶貴的靈感降格為一樁買賣。

幾年前，我去夏威夷可愛島（Kauai）旅遊，我和朋友一起搭船沿著納帕利海岸（Napali Coastline）行駛。那艘船由一個名叫若狄亞克船長（Captain Zodiac）的人所擁有。「若狄亞克」指的是當地特殊的海岸地形。若狄亞克船長十分鍾情於這條海岸線，所以把它當作自己的名字。有一天，有個人跟他說：「你對這條海岸線這麼瞭解，又深諳它的歷史。很多人都想一睹你看到的這些美景，何不用你的船載大家出海去看看呢？」

對可愛島上的遊客來說，若狄亞克船長的航程是非常棒的一項服務，它不但散播歡樂，還激起些許文化共鳴。後來，載客乘船變成一筆大生意。如今，若狄亞克船長擁有很多艘船，成為一個成功典範。他的愛，造就了成功的事業。

這裡的重點在於，我們究竟是為錢工作，還是為愛工作？值得我們深思的是，兩者之中哪一個才是出自比較富足的心態。就像若狄亞克船長一樣，愛其實是一樁很好的生意，而這一點正和小我的說法完全相反。

任何一個工作，只要是為愛奉獻的，都可以成為對上主的事奉。你的工作是一塊為上主預備的空白畫布，無論你的才華或能力為何，祂都能予以善用。當我們接受聖靈的引導，我們的事奉就能為自己或別人帶來快樂。我們只須單純地跟從上主的指示走，允許祂的靈透過我們行事。無論祂認為怎麼做比較合適，我們都願意依祂的旨意善用自己的天賦和資源，願意在世間為祂做事，這就是事業成功的關鍵。

成功不是刻意求來的，而是一件再自然不過的事，成功是我們和上主一同創造的自然結果。在《流動的饗宴》（*A Movable Feast*）一書裡，海明威談論到刻意地「寫故事」和自然地「讓故事寫它自己」之間的差別。海明威說，當他發覺自己是在「寫故事」的時候，便知道那一天應該歇筆了。人生本來就應該是一個會自我書寫的神奇故事，而工作則是它創造出的果實。

想要在工作上獲得豐厚的收入，最有力的一句呼求就是，「上主啊，請讓我為祢所用。」這句話是奇蹟志工的禱詞。每個人都想擁有很棒的工作，卻很少有人懷抱這樣的想法：上主早已將絕佳的工作指派給我們了。事實上，你還安然地活在這世上，就代表上主已經把任務指派給你了，那就是讓你的心向每個人、每件事敞開。這麼一來，你就是上主傳遞愛的管道，你無需擔心自己該說些什麼或該做些什麼，上主自會讓你知道。

以前我常會覺得自己很懶散，對事情總是提不起勁。後來我知道，那個還沒找到人生使命之前的我，只不過像是被堵塞住了而已。當我們把自己的能量用在和上主一同創造上，當我們願意在缺乏愛的地方給出愛時，新的能量就會從我們的深處泉湧而出。

這世界從來不允許你大放光明，只有愛才會允許你發光發熱。我曾經擔任過雞尾酒晚宴的服務生，某一天晚上，我走進工作會場時心想：「原來如此！人們認為這裡只不過是一間酒吧。」當時，我已經開始修習《奇蹟課程》，所以能夠用不同的角度看待這件事。我告訴自己：「這不只是一間酒吧，而我也不只是一名服務生，這些都是幻相。每一份工作都是一座神聖的殿堂，我在這裡是為了要修正自己的想法，並服務上主之子。」

無論別人是否認真看待我們的人生，我們都要認真看待自己的人生。沒有任何一個工作比其他工作，對這世界更具有影響力。只要我們還活在世間，就可以一直透過自己的存在、自己的能量，以及他人的互動等等，持續影響這世界。問題是，我們帶來的影響究竟屬於哪一種？

我曾經認識一個懷抱明星夢的女生，她一直沒能如願。當時，她是一位作家的私人助理。這位作家非常賞識她的工作能力，希望她能陪同一起到世界各國巡迴，協助辦理新書發表會和籌辦演講等等事務。她告訴我說，雖然和那位作家一起工作很開心，但是她並不想離開洛杉磯，她覺得自己必須隨時待命，因為很可能有人會找她試鏡。

於是，我對她說：「除非你開始演好自己的人生，否則沒有其他東西會對你的演藝生涯有幫助。」很多人之所以想當演員，並不是真的被演戲這門藝術所吸引，而是因為想在自己的生活裡，創造出一些亮麗的東西。

身為奇蹟志工的人，不會自行決定究竟該出國去，還是該留在洛杉磯，而會聽從聖靈的指引。生命裡，總有許多我們無法掌握的事情，因此我們不自己做決定，而是請聖靈幫助我們成為落實上主計畫的得力助手。這種態度，會為我們創造出明星般的氣質。讓我們散發出這般氣質的，是內心的謙卑和服務上主的渴望，而不是優越自大。

小我的思想，會促使許多人堅持「我不做擦窗戶這種事」。禪宗有一個古老的訓練傳統是，要求弟子花好幾年工夫做打掃的工作，以此作為接受更高教導的準備。弟子隨侍在師父身邊學習，假以時日便能超越師父。這就像《易經》所說的：「謙受益、滿招損」。在謙卑中，事物得以開展，我們不用羞於承認自己還在進步的過程中，雖然小我常強調結果比過程重要。這其實是小我用來阻礙我們的計謀，但是，自視甚高對我們沒有一絲好處，它不僅對我們的工作無益，也不會為我們帶來成功。

我們的工作，就是留意自己的成長，保持在恩典、正直和謙卑的狀態。除此之外，我們不需要其他的目標。如此，我們的內心深處會生出一股力量，這股力量會表現於我們的內在和外在環境。然後，我們的事奉會成為創造的一條康莊大道，讓上主的愛透過我們延伸給所有的人。

新的心，新的工作

上主的孩子，你是為了創造美善及神聖而受造的。千萬不要忘記這一點。11

小我總是對我們說：「你的價值建立在你的文憑、證照上。你要是沒有好的學歷或其他能力證明，就別想找到好工作。」但是，在我們這個世代裡，最出色的人多半是由生活而不是由學校培育出來。社會上才華洋溢的人比比皆是，但只有少數人拿得出證書證明自己的能力。我們最大的成就並不在「外面」，而在「裡面」。

事奉就是我們的新工作，它映照出我們內在的成就。事奉會整合我們的心靈，讓所有個人的資源匯流成一股療癒的浪潮。這個新工作，將能讓我們的才華得以發揮。我們不是「找到」這些工作，而是創造這些工作。我們無須在報紙的求才版上，徵求拯救世界的人或奇蹟志工，因為為了回應新能量的出現，新型態的工作正在浮現中。

榮格建議大家去仔細檢視，自己小時候特別容易受到哪些童話故事或神話所吸引。以我自己為例，我小的時候，非常著迷於《穿著補丁衣服的女孩》（*The Girl in the Patchwork Dress*）。在這個童話故事裡，即將繼承王位的王子在全國各地尋找合適的新娘。於是，某個村莊因此舉辦了一場盛大的舞會，好讓王子有機會見見住在那裡的女孩。有一個女孩非常想參加舞會，但是她沒有足夠的錢買布料來縫製漂亮的禮服，於是，她從其他女孩的縫紉桌上各取一小塊布料，盡一切能力製作出一件都是補丁的禮服。

晚宴那天，當這個女孩走入舞會會場，看見其他女孩都身穿漂亮的衣裳時，覺得十分羞愧，於是她躲進一個衣櫥裡。然後，王子來了，開始和在場的女孩共舞。跳到某個程度之後，王子開始覺得無聊，打算要回家。正當他要打道回府時，注意到有一件禮服的衣角從衣櫥裡露了出來，於是，他命令守衛把衣櫥的門打開。最後，王子和衣櫥裡的女孩跳了一支舞，發現她比其他女孩都要來得有意思。最後，他們結婚了。

長大之後，我回頭思索這個故事，才明白為什麼對它那麼有感覺。它揭露了我人生的重要原型：對於生命提供給我的一切事物，最終我只會每一種都淺嘗一點點。正因如此，我永遠不會在任何一件事上累積出成就，但卻也因此獲得了某種鳥瞰一切的視野。這種看待事物的觀點，成為我事業的基礎。很多人都像那個穿著補丁禮服的女孩一樣，我們知道這個一點，知道那個一點。到處都沾一下、碰一下，卻都只點到為止，所以無法取得博士學位。但是，我們卻可以把東碰一點、西抓一點的東西整合在一起，成為一個有意思的人，有很多引人入勝的故事可以說。

補丁的衣裳象徵通才，這種人的專長是綜合不同的事物；其他漂亮的禮服，則象徵專才。無論是通才還是專才，對一個健康的社會來說，兩者一樣重要。究竟來說，真正能推動我們去執行在世上的任務的，不是文憑或證照，而是我們對於追尋人生更高目的的決心。只有當我們認為學經歷重要時，它們才會變得重要。

有一天晚上，我和女性友人芭芭拉共進晚餐，芭芭拉是一位出過書的優秀作家。用餐時，我和另一位在出版業工作的男性朋友說，芭芭拉應該在某一個主流的女性雜誌上，固定每個月寫專欄。專欄名稱可以是「療癒的觀點」、「內心深處捎來的消息」或其他類似的名稱。她每個月可以寫一些如何轉化情緒的文章，教人從恐懼轉向愛，我相信這樣的專欄可以為個人或社會帶來療癒及希望。

但是，我這位出版界的朋友顯然有不一樣的看法。他說：「這恐怕很難實現。芭芭拉既沒有博士學位，也不是相關領域的權威，業界不會認為她的說法有公信力，所以沒有雜誌會願意邀稿的。」我很想轉身面向芭芭拉，然後放一個隱形的棉布罩蓋住她的耳朵。我不想讓她聽到這番話，不希望她去相信這狹隘的想法，不希望她拒奇蹟於自己的心靈之外。

我記得幾年前的某一個晚上，我一如往常地在深夜喝著咖啡。一位朋友問我：「你怎麼會這樣做？難道不怕整晚睡不著覺嗎？」聽了她這樣說之後，我從那晚開始，喝咖啡都會失眠了。在那之前，我從不認為咖啡因和失眠之間有什麼關聯，因為就我的經驗來說，我從來沒有因此而失眠過。同理，缺乏文憑和缺乏工作機會之間，也沒有必然的關聯。

想要服務上主的願心，會為我們創造出服務的方式。我們的學經歷或人脈，並不是我們的力量所在；我們做過的事或是正在做的事，也不是我們的力量所在。我們的力量，來自於清楚明白自己為什麼來到世間。如果我們認為，自己是這世界不可或缺的一份子，我們就會成為那樣的人。

在未來幾年裡，那些知道自己是為了療癒而來的人，他們的存在會更顯得重要。和這件事相比，其他事再也微不足道。你讀哪一所學校並不重要，甚至你有沒有上學都不重要。就算是看似最沒有價值的履歷和最不起眼的天賦，上主也能善用它們。在上主眼中，無論我們的天賦是什麼，無論它們在別人眼中看起來多卑微，祂都能將它轉化成代表祂的大事業。對上主而言，我們最大的天賦就是虔誠的心。就在這個力量之點，門打開了，我們的事業從此開枝散葉，而我們周遭的一切也因此獲得了療癒。

目標

上主是我今天唯一的目標。12

近年來，大家都在強調設定目標才能心想事成，也就是要把心念專注在某個想要的結果上。這種作法，說穿了還是要世界為我們想要做的事來服務，這並不是靈性臣服。

《奇蹟課程》指出了怪力亂神（magic）和奇蹟之間的差異，「怪力亂神」指的是把心念鎖定在某個我們期待的結果上，等於把我們的採購清單交給上主，告訴祂我們希望可以得到這些東西；而「奇蹟」指的是我們請求上主告訴我們，祂希望我們為祂做些什麼。

奇蹟把我們的心態從「獲取」，轉變為「給予」。想得到某個東西的欲望，其實反映出我們的核心信念——我們此刻所擁有的還不夠。但是，只要我們相信自己是匱乏的，就會繼續在生活中製造出匱乏的經驗。如此的話，無論我們得到什麼，永遠都不會覺得足夠。

然而，當我們追求的是給予而不是獲取時，核心信念就轉變成了自己是個富足的人，可以把擁有的給出去。這樣一來，我們的潛意識就會接受這個信念的暗示，然後驚人地創造出相應於這信念的經驗。我們樂於給予的願心，將引動整個宇宙也樂於給予我們。

不管面臨哪一種情況，奇蹟志工的目標只是保持心靈的平安。《奇蹟課程》告訴我們：「我們不知道什麼會讓我們幸福，只要想著自己是幸福的就好了。」每個人都追尋過以為可以帶來幸福的事物，但事實上，那些事物並不能真正讓我們幸福。如果我們運用肯定句，在紙上寫說自己要一輛咖啡色的賓士車，操控潛意識的力量確實可能讓我們得到一輛那樣的車。但重點是，在真的得到那輛夢想中的賓士車之後，我們不一定就會感到幸福。

相對地，具有奇蹟心志的人，會把幸福當作自己最終極的目標，並放下自以為幸福該是如何的想法。我們永遠無法知道，一個月或一年之後會發生什麼事，即使現在得到了想要的，也許不久後就又對它興趣缺缺。

假設你現在要去面試某個你非常想要的工作，這時候可能會有人建議你，應該運用肯定句（affirmation）告訴自己你會得到這份工作，並把得到工作設定成你的目標。但是，對奇蹟志工來說，平安才是我們唯一的目標，所以我們會把心念放在能為我們帶來平安的事物上，然後把其餘的期待都放下。心念就像我們的肉眼一樣，可以在同一時間納進許多影像。因此，我們都有一個內建的對焦機制，可聚焦在我們設定的知見上。正是這個機制，決定了我們會注意到的，和不會注意到的東西。

把自己的目標設定在追求內在平安以外的事物上，無異於一種自我折磨。當我們的目標是得到某份工作時，結果只有兩種：要不是因為得到了而歡天喜地，就是因為沒得到而鬱鬱寡歡。但是，如果我們把平安當成唯一的目標，那麼不論結果有沒有得到那份工作，我們都能處於平安之中。

《奇蹟課程》告訴我們，在開始做一件事時，替自己訂定計畫是很重要的，否則表現可能荒腔走板。如果我們的目標是平安，那麼無論發生什麼事，情緒都能維持穩定，我們的心靈都能用平安的角度看待發生的事。如此一來，就算沒有應徵上自己想要的工作，也沒什麼大不了的。我們會真正瞭解到，不久之後就會有某件更好的事發生，像是眼前這份工作對我們而言，也許不是真正合適的工作。我們對上主要有十足的信心，而奇蹟代表著我們真的**感覺**到了這份信心，而不只是置身痛苦中時高呼的口號而已。我們的情緒源自我們的思想，而不是其他周遭的事物。

設定特定目標的另一個問題在於，這樣做可能是自我設限。當我們開口向上主祈求自以為好的特定事物時，也許祂想給我們的是其他更好的事物。若是懷疑上主的判斷力，只會妨礙祂渴望帶給我們的幸福。一旦我們真的瞭解，上主的旨意就是要我們過得幸福快樂時，除了圓滿這個旨意之外，我們不再覺得自己需要去求些什麼了。

有一次，我在紐約演講，一名年輕的男性聽眾問到我有關使用肯定句的問題。當時，《山街藍調》（*Hill Street Blues*）這齣電視劇正當紅。他說：「每天晚上睡覺前，我都會把下面的話寫五十遍：『我在《山街藍調》裡有一個固定演出的角色，我在《山街藍調》裡有一個固定演出的角色……』你是不是覺得，我不該這樣做？」

我回答他說：「你當然可以每天睡前，寫五十遍那些肯定句，而且運氣好的話，你就真的會得到《山街藍調》裡的一個角色，因為你有強大的心念。但是，在你如願得到之後，要是突然有位大導演來找你演電影，而你卻因為《山街藍調》的片約而無法答應，你一定會懊悔不已！」

因為我們缺乏信心，所以才覺得自己需要告訴上主該怎麼做。我們害怕把事情交在上主的手中，因為不知道祂會怎麼處理那些事。說穿了，我們害怕上主會打亂我們原有的生活。如果你真的要設定任何目標，不妨這樣設定：請上主療癒我們誤把祂視為恐懼而不是愛的信念。讓我們記住《奇蹟課程》所說：「**我的幸福與我的任務是同一回事。**」[13]如果上主是我們的目標，那麼幸福就是我們的目標。不要以為上主無法掌握細節，或無法讓哪一件事情發生。

上主的計畫

只有上主的救恩計畫才有成功的可能。14

有時候我們工作得不愉快，是因為看輕這份工作，或因為自己不是老闆而忿忿不平。我們一直急著往高處爬，卻不懂得當我們散布愛，自然就會往上提升。也許爬升的速度不是最快的，但是就像龜兔賽跑的故事一樣，烏龜雖然一步一步走得很慢，最後卻比有飛毛腿的兔子更早抵達終點。

「願上主的旨意承行。」這句話的意思是，「願我自己達到存在的最佳狀態。」當我們漸漸步上心靈成長之路，自然會散發出更值得信賴的能量。這時候，別人會**想**雇用我們，和我們一起工作。我們在工作上會變得如魚得水，不費力就能獲得成功，一切都會**水到渠成**。你當然可以把履歷寫得很漂亮，但如果你的個性很差，日子一久，同事們勢必會對你敬而遠之。好的學經歷，可以讓你得到重要的面試機會，但是除非面試官喜歡你，否則你還是得不到工作。

當今大多數人的精神狀態都很脆弱，原因來自每個人都太用力在想做些什麼，太用力於自己執著的事。臣服的態度，就好比把我們自己當作黏土，供上主來雕塑。印象中，在我高中上過的雕塑課裡，每天都要為黏土噴水，否則若黏土變乾就不能被塑形了。我們之於上主也是如此。我們應該保持可塑性，就像黏土一樣柔軟。如果我們執著於非要獲得什麼，堅持某件事必須照著自以為好的方式進行，我們就沒辦法放鬆下來。這樣的話，我們就沒有足夠的空間，容納乍現的靈感。

我們永遠不知道，自己會被引導到哪裡去。我原本以為只是工作上的往來，最後轉變成朋友之間的往來，反之亦然。在上主的世界裡，我們只有一個工作，就是為成為傳遞愛的上主之師做準備。根據《奇蹟課程》，聖靈會把任何既有的情況當成教學工具，讓每個牽涉其中的人都學到愛的課題。前提是，我們必須願意放下自己的執著，放下自以為是的特定期待。

舉例來說，我們可能會認為某個計畫可以大賺一筆，但是當結果不如預期時，我們便覺得非常沮喪。我們也許會覺得困惑，自己明明照著聖靈的指引去做了，怎麼結果竟是如此？但是，我們可能忽略了，上主對那個計畫的目標設定或許根本就不是要賺錢。在事發的當下，我們不一定都知道聖靈如此指引我們的原因，但是，奇蹟志工的任務只是單純為了事奉上主，而願意跟隨聖靈的指引，如此而已。上主會以祂安排的時機和方式，給予我們物質與情感上的報償。

我們之所以想掌控生命裡發生的事，其中一個原因是認為，如果任由宇宙自行其道，事情就會失控變得混亂。但是，上主才是終極的秩序，祂會在所有的層面上，不斷為我們的生命開拓愛。上主公平地給出祂的力量，從來不會只偏愛某些人，祂的運作就像一台精密的電腦一樣。相信上主，就像相信地心引力的存在一樣簡單。

下列兩點，我們應謹記在心：

1、上主的計畫必然能行得通。

2、而你的計畫則不然。

誠如《奇蹟課程》所說：「**我無需在祂的計畫上畫蛇添足。然而，我若想領受祂的計畫，必須甘心不再妄自僭越祂的計畫。**」[15]以及：「**如此而已。你若還想錦上添花，反而會搞砸了祂那小小的請求。**」[16]我們的工作，不是去揣摩該如何完成上主的旨意，這麼做不但對世界無益，反而干涉了上主的計畫。我們的工作，只是簡單地將自己的心對準上主的靈，時刻與其保持一致。如此，我們便會自然而然成為承行上主旨意的工具，我們的洞見才會油然而生，處境也會為之轉變。我們若用意識去操控事情的發展，不一定會有好的結果，這麼做並非人類自由意志的最佳詮釋。

有人說，跳脫自己習慣的觀點，其益處比跳脫身陷的處境還來得大。畢竟，緊抓著某個觀點不放，只會繼續引來與那觀點相呼應的處境。觀點是內涵，外境只是表達此一內涵的形式。

我有一個已從政多年的朋友，正在競選。他認為自己在政界的成功，是因為一直自我期許作一個優質政治人物。但是，我們的社會之所以問題叢生，就是因為大部分的治理者都是「政治人物」，而不是「領袖人物」。詹森（Lyndon Johnson）總統是一個出色的政治人物，但他不算是一個領袖人物；約翰．甘迺迪是一個偉大的領袖人物，卻不算是一個政治人物。相較於傳統的競選口號，候選人若能提出對國家的正面願景，更能順利當選，因為那些願景能鼓舞所有渴望這個國家健全發展的人。正面的觀點，永遠都能觸動我們的心。

我告訴這位朋友說，成功的競選就是把競選這件事交給聖靈，祈求它能為聖靈的平安所用。我的朋友覺得這聽起來很棒，但是不知道該怎麼落實。

我告訴他，他什麼也無須瞭解。我說：「你唯一要做的，只是願意把自己交出去。聖靈自然會在你的邀請下，去做祂該做的事，然後你會變得光芒四射、充滿魅力。你不用去想自己該說些什麼，而是要問上主要你說些什麼。退一步，讓祂來領路。」

在每次演講以及現身在政治場合之前，一個人若能讓自己先安靜地禱告一下，將有助於讓他的能量與真理一致。有一次，我陪他去一個競選造勢的場合，在搭車前往的途中，他向我數落待會也會出現的某些人物，他對他們的批評，聽起來都很合理。

當我們走進造勢會場所在的大樓時，我告訴他：「禱告吧，請求上主療癒你對那些人的看法。你的目的，是帶領我們走向一個充滿慈愛的社會，而你只能給別人你自己擁有的東西。那麼，就從對今天在場的每一個人懷抱慈愛做起吧！當你的心靈被療癒，自然而然就會影響其他人，你甚至不用去想自己該說些什麼。完美的話會不假思索地脫口而出，因為愛會指引你的心靈。」這就是把競選活動交託給上主的意思。

經營任何事業也是如此。在開會、面試、做決議之前，先試著做這樣的禱告：「親愛的上主，我願意臣服，我把這個處境交給祢，願它能為祢的目標所用。我只請求自己的心能夠敞開，能夠給出愛和接受愛。願一切結果，都能照祢的旨意而行。阿門。」不管你做什麼，都記著是為上主而做。

我們的能力，強得足以做到任何上主要我們做的事。無須在意自己準備好了沒，只要專注在諦聽上主的指引。真正在做事的不是你，而是你裡面的靈性。忘記這一點，心裡就會生出恐懼。

《奇蹟課程》說，恐懼是一個明確的訊號，說明我們信任自己的力量，勝過信任上主的力量。「**你信賴的若是自己的力量，你有充分的理由擔心，甚至焦慮害怕。**」[17]憑我們自己的力量，奇蹟無法發生。但是，當我們帶著「在我們心中卻不屬於我們的力量」時，就沒有做不到的事。

從營利到服務

愛只會越給越多。18

當我們的動機只是想把商品賣掉，這出發點是著眼於自己可以得到什麼。但是，如果我們的動機是服務他人，那麼出發點就變成了別人可以得到什麼。奇蹟讓我們的心態從銷售，轉變為提供服務，而我們最終會得到自己所給出的。因此，服務的心態將帶來更多的富足。

在我們文化的思想體系中，隱而不宣許多自私的價值觀。要除去這些價值觀，是一件知易行難的事。通往純淨之心的旅途，是一條迂迴曲折的路。我們可能在過往的數十年中，為了爭得權力、金錢和名望而工作，現在卻忽然明白，這些價值只會把自己反鎖在這個娑婆世界裡。一時之間，我們再也不知道該往哪裡去找尋自己工作的動力。如果我們不再為了財富而工作，那又是為了什麼呢？我們一整天該做些什麼？難道坐在家裡看電視？

當然不是！許多人都曾經歷過這樣的疑惑，因為當舊的價值觀再也無法讓我們信服，而新的價值觀又尚未內化，我們便會經歷這種青黃不接的階段。直到有一天，也許就在我們邁向回家的旅程後不久，當我們明白只要自己願意給世界一個機會，世界就能美好運行時，我們就會重新雀躍起來。重點不在於事情有多糟，而在於事情可以變得多好，光是知道這一點，就能為我們注入新的動力。我們的每一個舉動，都可以協助讓天堂落實於人間。

我們不再為了自己汲汲營營，而是受到療癒世界的慧見激勵。鼓舞人心的事物會重整我們的能量，幫我們找到內在新的方向。我們不會再覺得，自己像是一個緊緊抱著美式足球的人，在敵方環伺的情況下拚命地往達陣線衝刺。相對地，我們會覺得似乎有天使在我們背後推著我們往前，並把路開得筆直，讓我們走得毫不費力。

純淨的心不會害我們變得兩袖清風。如果有人認為，清貧代表著一種靈性上的德行，那肯定是出於小我的想法，和靈性毫無關係。一個人行事的動機，若是出於奉獻和服務他人，他的行為自然會達到德行的水準。而世俗的成功對他而言，也是再自然不過的結果。

把你的一切天賦，都用於服務這個世界吧！如果你想要畫畫，那就一刻也別等待，去找一面看來了無生趣又不起眼的牆來作畫。你永遠不會知道，誰會看見那面牆。無論你想做些什麼，都把它用於服務你的社區。我在洛杉磯的演講中說過，我已經聽膩了有些演員老說自己找不到工作。每當聽到這種話，我都會說：「到醫院去，到養老院去，到療養院去當志工。在你得到一份演藝工作之前，你還有很多事可以做。如果你這麼想要演戲，那就拿出**行動**。」有些人聽到我組了一個名為「奇蹟行者」（Miracle Players）的團體，然後也跟著做。

有些人會說：「我不能去做這些事，因為這不能養家餬口。」這種說詞的光線非常微弱，很難照向宇宙。在講課根本還不是我的收入來源之前，我已經花了兩年以上的時間在講解《奇蹟課程》。當初我演講，純屬個人熱情，壓根沒想過哪一天這會成為我的工作。有些事你之所以去做，並非基於什麼特別的原因，只不過因為覺得這是一件對的事，如此而已。相較之下，「我之所以這樣做，是為了服務別人，就算不拿報酬也無妨」的說詞，則是一束強光，它在告訴宇宙：你也必須認真對待我做的事。而當你對宇宙認真以待，宇宙也會對你認真以待。

我從來不覺得，需要為自己的演講大作宣傳。我發現，如果這些演講對人們真的有幫助，聽眾自然就會來聽。這意思並不是說，宣傳是不必要的。

只要宣傳的動機是提供人們訊息，而不是為了操控，那就沒什麼問題。阿諾．派頓（Arnold Patent）曾經寫道，如果你是真心有話想說，就會有真心想聽的人。

我們無需汲汲於吸引聽眾，或精心設計講稿來攫取聽眾的注意，甚至挖空心思去吸引更多的人來聽。服務三個人與服務三百個人，是一樣重要的事。如果我們做的事，能服務到世上的人，那麼當我們知道如何面對一小群的追隨者時，自然會有一大群人前來跟隨。我們的力量來自於知道這份工作，在創造一個更美好的世界上扮演起什麼角色。奇蹟，就是無論我們的工作多渺小，我們都願它為療癒世界的目標服務。

小我的世界是建立在有限的資源上，但是上主的世界則非如此。在上主的世界（也就是真實世界）中，我們付出越多，就獲得越多。當我們分到一塊餅時，別人不會因此就少了一塊餅；別人多擁有一點，不表示我們就少了一點。所以，無論是在工作上或任何事上，我們都不需要去爭。能讓我們對這世界產生正面體驗的關鍵，在於慷慨待人。每個人都可以成為美麗的人，每個人都可以成為成功的人，也都可以變得富有。唯一妨礙這一切發生的，是我們自己的思想。

無論在哪個領域，比你更有成就的人，只是超前你半步而已。祝福他們，並讚美他們的天賦，同時也祝福和讚美你自己的天賦。少了他們的貢獻，世界就不會這麼富足。同樣地，少了你的貢獻，世界就不會這麼富足。每個人都有足夠的空間，可以發揮所長，因為天生我材必有用。

當我們被療癒了，這個世界也會同獲療癒。無論做什麼，只要不是出於愛的動機，那便表示我們選擇要過和上主分裂的生活，並且不斷讓分裂繼續下去。每個人，都是人類意識體（body of human consciousness）中的一個細胞。就目前來說，基督奧體（the body of Christ）就好像得了癌症一樣，原本正常的細胞決定不再為整體效力。因此，細胞不再支持血液或肝臟系統，反而逕自建立起自己的小王國，這就是對身體組織具有威脅性的惡性腫瘤。

人類全體也是如此，如今每個人都只顧做各自的事：**我的**事業、**我的**店、**我的**錢。我們幾乎忘了人與人之間本質上的連結，而這份遺忘極可能毀了我們自己。所謂「我的」的心態，就是小我的思想，小我相信的是分裂，這是人類普遍的疾病。把我們的一切，都奉獻在人類全體的重建上，就是在拯救自己和這個世界。

第八章 身體

身體不是愛的產物。然而，
愛不會詛咒身體，反而慈愛地善用它，
一邊尊重上主之子所造的身體，
一邊借用身體把他由種種幻相拯救出來。[1]

身體的目的

不再接受你過去賦予身體的目的。[2]

在身體的世界裡，我們都是分離的個體；但是在靈性的世界裡，我們是一體的。《奇蹟課程》教導我們，要從「認同身體」轉向「認同靈性」，如此才能治癒分裂的心靈，進而療癒身體。

正因為我們有身體，才會認為彼此是分離的。從真理的角度來看，人之所以有身體，是因為我們的心靈認為彼此是分裂的。《奇蹟課程》說：「**身體就是企圖圈住你那光輝圓滿的小小理念的圍欄。**」[3]這意思並不是說，身體是不好的。就像其他有形之物，心靈不是把身體用於恐懼，就是用於愛的用途。小我將身體用於維持分裂的幻相，用於攻擊、歡愉和自豪。而聖靈則將身體用於療癒幻相，「**如此，身體才能搖身一變而成為上主的聖殿；聖殿內的天音自會將身體導向正當的用途。**」[4]

身體的神聖性，來自它擁有交流的潛能。當我們把身體交託給聖靈時，

「它便成了教導共融的美妙課程；在達到共融境界以前，身體仍有存在的價值。」[5]聖靈要我們把自己的手、腳和聲音，都交託給祂，供祂善用為拯救世界的工具。看待身體的健康態度是，把身體當成轉化世界的中性媒介，它本身不具任何目的。若不這麼認為，就代表我們已經把身體用於缺乏愛的用途，那樣看待身體，等於是讓它蒙受本來無須承受的負擔。這種不健康的知見，會造成身體的疾病。

在這世上生活久了，我們早已習慣把自己看成一具身體。和宇宙相比，人的身體如此渺小和脆弱。我們認定自己就是這具身體，所以也認定自己是渺小和脆弱的。要是能夠明白，真實的自己遠超乎這具身體，是存在於上主天心（mind of God）中的靈性，我們就能不受一般物理法則（ordinary physical law）的限制。知見的修正，就是救贖（Atonement），就是我們所需的療癒。真正生病的不是身體，而是我們的心靈。正如《奇蹟課程》所言，身體健康與否，**「端賴心靈如何看待它，以及讓它致力於何種目標而定。」**[6]需要療癒的，不是身體而是心靈，而回歸愛是唯一的療癒途徑。

我們的身體只是一塊空白的畫布，上面投射了我們的念頭。缺乏愛的想法，產生了疾病。這不是說，生病的都是冷酷無情的人，而沒生病的人都一定充滿了愛。就算是心存慈愛的大聖人，也有罹患絕症的可能。不同的是，缺乏愛是結構性的病因，它遍及人類全體意識，會在哪一個人身上顯化成疾病，還有許多其他的影響因素。

舉例來說，某些環境因素導致一個無辜的孩子死於癌症。在這種情況下，缺乏愛和這件事有什麼關係？雖然這孩子不一定有缺乏愛的想法，但是在我們之中，某些人心中病態的想法，也可能間接導致孩子生病。懷抱愛的想法，對別人和環境造成的正面影響，比我們想像的還大；而懷抱恐懼的想法，效果也一樣大。由於我們的心念不受大腦控制，沒有一個心念停下來，然後另一個心念才開始運轉這種事。所以，我們的愛能觸動別人，恐懼當然也能。

把身體交給聖靈，讓身體成為表達愛的工具，這才是健康看待身體的知見。《奇蹟課程》說：「**身體只代表你在物質世界的一種經驗而已。**」[7]「**身體只是用來發展種種能力的一個基地而已，至於你要如何使用那些能力則是另一回事。**」[8]還說：「**只要你不再無情地利用身體，你不可能不健康的。**」[9]身體的目的，是為了把愛延伸出去，除此之外的其他用途都可能使身體生病，因為那違背了我們的本性。

健康與療癒

身體是不可能成為自己的健康之源的。10

有一個朋友告訴我，我們不是**因為**自己的行為而受罰，而是**被**自己的內疚懲罰。疾病不是上主在懲罰我們，是我們藉疾病懲罰自己。如果我們認為疾病是上主造成的，那麼把自己交給祂，又怎麼可能痊癒呢？上主是完美的愛，而我們也同樣受造成完美的愛。上主只造得出愛，祂根本造不出疾病。疾病是一種幻相，實際上並不存在。疾病是我們人生大夢的一部分，那是我們的心靈創造出來的惡夢。要對治疾病，我們可以禱告，請求上主幫助我們從這場惡夢中醒來。

只要有任何一個人覺醒，整個世界都會更靠近天堂一步。當我們祈求療癒時，盼望的不只是身體健康，還包括請上主能將所有不健康的思想，都一併從上主之子的心靈裡去除。就像《奇蹟課程》所說：「**倘若心靈能治癒身體，身體卻無法治癒心靈，那麼心靈必然要比身體強大得多。**」**11**寬恕是最終極的預防醫學，也是最偉大的療癒之師。記著我們不是這具身體，我們的身體才能獲得治癒。我們是靈性，不是身體。我們百害不侵，所以不可能會生病。這才是我們的真相，而唯有真相能讓我們自由。

疾病顯示我們與上主分裂，療癒則顯示我們重回上主的懷抱。回到上主的懷抱，就是回歸於愛。在《量子療癒》（*Quantum Healing*）一書裡，狄帕克．喬布拉（Deepak Chopra）博士舉了一個故事，告訴我們愛和醫療之間的關係：

為了模仿人類動脈堵塞的情況，俄亥俄大學在一九七〇年代研究心臟疾病時，餵食一群兔子毒性很強的高膽固醇食物，企圖造成牠們的動脈堵塞。漸漸地，所有兔子都開始出現一致的結果，唯獨其中一小群例外。不可思議的是，這些兔子竟少了百分之六十的高膽固醇症狀。然而，生物科學完全無法解釋，為什麼這些兔子對這樣的飲食具有超高耐受力。直到有一天，人們意外地發現，負責餵食這群兔子的學生很喜歡逗弄並撫摸牠們。在餵食兔子之前，這學生會擁抱每隻兔子好幾分鐘。讓人訝異的是，光是這個動作，似乎就能讓這些小動物捱過有毒食物的衝擊。後來，人們重複操作一樣的實驗。一方面，他們不帶感情地餵食其中一群兔子，另一方面則帶著愛心餵食另一群兔子。最後，相似的結果出現了。但是，人們還是不知道究竟讓兔子得以免疫的機制是什麼。或許在演化的過程中，兔子的大腦建構了某種免疫反應機制，是必須透過撫摸和擁抱來啟動的也說不定。

研究顯示，參與互助團體的癌症病人，平均壽命比沒參加互助團體的病人高出兩倍。直到今日，科學雖然知道「心理免疫（psycho-immunological）因素」確實存在，卻無法得出一個科學化的結論。其實這因素就是愛，就是上主。

如果我們認為，上主只是一個形而上的概念，和所有有形之物一點關係都沒有，那麼祂就很難跟我們的生活有所關聯。只有當上主的大能展現於世間，祂的愛經由我們傳達出去（例如上述的例子，祂的愛經由那名實驗室的學生擁抱兔子，或經由互助團體，創造出一個慈愛和理解的空間），祂才有機會穿透人間黑暗的帷幕。

這幾年間，我為很多罹患癌症、愛滋病以及其他絕症的人做諮商。早在一九八七年時，我尋求朋友露易絲·賀（Louise Hay）的幫忙，請她協助我創立一個名叫「洛杉磯生命中心」（The Los Angeles Center for Living）的非營利組織，專門為面臨健康危機的人提供幫助；兩年後，一九八九年時，「曼哈頓生命中心」也在紐約開幕。這中心的使命是提供醫療外的情感支持，幫助人們度過絕症和悲傷。無論是在美國東岸或西岸，我們都親眼見證了，當人們祈求深藏在疾病和悲傷背後的愛的力量湧現，奇蹟確實會發生。

《奇蹟課程》說：「**不要向疾病之神尋求療癒之道，而應轉向愛之真神，因為所謂療癒，不過就是接納上主而已。**」[12]在西方的醫療傳統裡，治療者的任務就是擊退疾病。但是，若攻擊的意識就是問題的根源，那它怎麼可能解決得了問題呢？奇蹟志工的任務不是去攻擊疾病，而是讓我們內在的自癒力湧現。把注意力從疾病上移開，轉移到超越疾病的愛。我們應該明白，沒有任何疾病能削減愛的能力。

這是不是意味著，不需要看病和吃藥呢？當然不是。《奇蹟課程》提醒我們，聖靈會從我們所在的意識層次，切入我們的生活。既然我們大多相信，身穿白袍的醫生所開的藥能治好我們的病，那麼在這種信念狀態下，《奇蹟課程》說我們就應該乖乖吃藥。但是要記著，真正能治癒我們的不是這些藥物，而是我們的信念。

癌症研究顯示，採用傳統醫療或全人（holistic）醫療，兩者之間的復原率大致相同。這個結論相當合理，因為不論用哪一種醫療途徑，方法本身都不是讓身體復原的原因。真正讓病人復原的，是心理上對醫療方法的信念，是那信念激發出療癒的力量。

我一直在帶領一些互助團體，幫助一些面對絕症的人。在那些聚會期間，只有當有人過世時，我們才會提到疾病。人們來參加這些團體，不是為了更親近自己的病，而是為了喚醒自己內在的自癒力。在某個程度上，人們生病時所遭遇的難題和健康時所遭遇的並無二致，只不過是一直拖到發病了，才不得不去正視。在病痛中，我們的生命課題依然繼續，只是強度增強了而已。要避免把疾病視為追尋上主的絆腳石，而將它視為讓我們躍向上主懷抱的跳板。

健康的思想

因此，所謂療癒，就是透過與天律相應之念而邁向真知的途徑。13

每個人內在都有自癒力，那股猶如神醫般的力量，就存在我們心靈中，和身體的每一個細胞交流著，驅動著免疫系統。當我們割傷了手，或是腿骨斷了時，就能清楚感覺到它的存在。

這個「神聖的智慧」究竟是什麼，又是如何啟動的？救贖會釋放心靈，讓心靈發揮最大的創造力。「耶穌拯救世人」的意思是，「愛能療癒心靈」。耶穌如何治癒痲瘋病患？藉由寬恕他們。耶穌雖然身處幻相世界中，卻只看見上主眼中的真相。透過修正的知見，他才能治癒別人。當耶穌站在痲瘋病患面前，他看見的不是痲瘋病，他的知見已超越了感官的遮障，以聖靈的慧見看見了真實世界。痲瘋病患的內在，住著完美的、恆常不變的上主之子，他們的靈性永遠都完美無缺。而靈性不會生病，也不會消失。

耶穌只看上主眼中的世界。他為自己接受了救贖，不**相信**痲瘋病的幻相。由於所有的心靈都相互連結，因此他的出現使痲瘋病患也不再相信疾病的幻相，而獲得了治癒。

在《奇蹟課程》裡，耶穌是聖靈的有形表徵，他說：「**你有能力將自己的心靈結合於我的心內，齊放光明而把小我驅離。**」[14]在我們生病時，請求聖靈的療癒，意味著請聖靈修正我們內在引發疾病的想法。

幾年前，在我開始講授《奇蹟課程》的初期，我曾經一連三次在高速公路上被後方車輛追撞。每一次車禍發生的當下，我立刻臣服於上主，並記著自己不受世間危險的威脅，最後我真的都毫髮無傷。

在最後一次車禍發生後一週左右，我感冒了，而且喉嚨發炎得厲害。某個禮拜五下午，我本來和好友莎拉約好一起喝咖啡，但是突然覺得身體很不舒服，而且隔天早上還要講授《奇蹟課程》，我想取消約會回家休息。我打電話到莎拉的辦公室，她同事告訴我她已經赴約去了。在別無選擇之下，我只好依約前往咖啡館。在開車的途中，我把注意力轉到我的喉嚨上。

我非常想去看醫生，因為我知道有一種叫紅黴素（Erythromycin）的抗生素，過去都能幫我治好喉嚨痛的問題。不過那時候，我才剛搬到洛杉磯沒多久，一個醫生也不認識，所以拿不到處方箋。終於，我轉而求助於課程的教導。這到底是怎麼一回事？我問自己。我的思想是從哪裡開始偏離了真理？我的妄見（wrong-minded perception）是打哪兒來的？我才一問，馬上就得到了答案，它就像閃光一樣劃過我面前。雖然我把能夠應用在車禍上的奇蹟原則都用上了，但後來還是「屈服於誘惑」。這話怎麼說呢？

自從一連發生三起車禍之後，我的親友都來問我是否平安。他們把手搭在我的肩上，輕柔地按摩我的肩膀和背部，問我有沒有去看醫生，紛紛對我表達關懷。我覺得**受到注意的感覺很棒，因為生病讓周遭的人更愛我**。對於人們的親切問候，我沒有斬釘截鐵地說：「我沒事。」其實，從我嘴裡說出來的「我沒事」聽起來有點羞怯，免得他們不再為我揉脖子了。為了得到愛和關注，我選擇了相信（然後轉成為認同）我的身體是脆弱的。

我為自己的「罪咎」（即缺乏愛的知見），付出了代價。在當下，我的知見落入妄見之心（wrong-minded），把自己看作是一具身體，而不是靈性；我選擇了跟缺乏愛的自我認同，而不是跟充滿愛的自我認同。就算只有那麼一瞬間，我選擇相信自己是脆弱的，所以就真的成了一具脆弱的身體，我的喉嚨發炎於焉發生。

太棒了！我心想。我明白了！於是我說：「上主，我完全明白為什麼會發生這樣的事了。我要回到我的心靈，回到出錯的那個地方，然後我就會得到救贖了。我回到那裡，祈求我的知見能獲得療癒，祈求我能從妄見之心中得到釋放。阿門。」我在一個紅燈前停下來，閉上眼睛做了上述的禱告，然後全心期待當我再次睜開眼睛時，喉嚨就不痛了。

禱告完睜開眼睛後，我的喉嚨還是很痛。事情不應該是這樣子的！我覺得更沮喪了。我走進和朋友約好的咖啡館，在吧台上坐下來，我注意到吧台的另一端，有一個男子用輕佻的眼神盯著我看。他完全不是我的菜，於是我回瞪他，一副像是在說：「老兄，你敢再看一眼你就死定了。」

「點些什麼嗎？」服務生問。

「我想要一點白蘭地、蜂蜜和牛奶。」我沙啞地低聲回答。

那個坐在吧台另一端的男子，看著服務生送上我點的東西後，問我說：「你在做什麼呀？」

我根本不想和這個人說話，只希望他滾遠一點。但是，一旦一個人把《奇蹟課程》內化了，就很難興起攻擊的念頭。於是，我對自己說：「瑪莉安，他也是你的弟兄，他是純潔無罪的上主之子。對他**和善一點**。」

於是，我軟化下來。我說：「我想調一杯熱的甜酒，因為我的喉嚨發炎，痛得很厲害。」

他聽了後說：「嗯，首先，熱甜酒不是這樣調的。其次，這麼做對你沒有幫助，你需要的是一些盤尼西林。」

「沒錯，我確實需要。」我說：「紅黴素可以治療喉嚨發炎，但是我剛搬到洛杉磯，我不認識有哪個醫生會開這個處方給我。」

男子聽了後，站了起來，走到我坐的地方。他放了一張信用卡在吧台上，然後示意酒保結帳，「走吧，我們去隔壁。我可以幫你開一些紅黴素。」我看著他，覺得這個人是不是瘋了，但是我注意到他的信用卡上面有「醫師」的字樣。「隔壁有什麼？」我問。

「一家連鎖藥局。」他說。

我照他說的做了。我們走進隔壁的連鎖藥局，然後我這位新認識的醫生朋友，便替我開了一張我所需要的處方箋。在服下一顆藥丸之後，我整個人欣喜若狂。

我高興得手舞足蹈，然後告訴他說：「你或許不會相信，但是**這就是奇蹟**！我一直禱告祈求療癒，而且修正了自己的想法，但是聖靈卻沒有立即治療我，因為我還沒有進展到可以接受瞬間療癒的地步。對我的思想體系來說，瞬間療癒可能太過震撼。所以，聖靈從我能夠理解的層次來處理。於是，你就出現了。但是，我若是沒有對你敞開心，我就永遠無法接受到這個奇蹟了！」

他聽了之後，把他的名片遞給我，然後說：「小姐，這是我的電話。我是一名精神科醫生，已經有二十五年沒開抗生素的處方箋了。但是，相信我，你應該和我聯絡。」

就像我對這位人很好的醫生所說的，我請求自己錯誤的知見得到療癒，我願意敞開接受救贖。即使如此，療癒依舊得在我所能接受的情況下發生。《奇蹟課程》告訴我們，當恐懼出現，聖靈就會退到一邊。如果我們相信一聽聞耶穌的話，骨折的腿就能立即康復，那麼大多數的人，就不會覺得療癒比受傷更讓人沮喪了。因為，如果真有可能發生這種事的話，整個世界就不是我們以為的這樣了。

對我們來說，要我們放下自己對世界的有限理解（也就是我們一直自願體驗的虛假制約），比瘸一條腿帶來的威脅更大。《奇蹟課程》說，有些人寧死也不願轉變自己的心念，聖靈只好透過我們能夠接受的方式來療癒我們，而藥物就是其中一種。

戒酒無名會有句名言，是這麼說的：「每個出現的問題，都自備著解答。」同理，每個出現的危機，也都自備著解答，為的是讓我們學習臣服及謙卑。如果我們在某個節骨眼上，一開始就把上主的大能擺在自己的力量之前，把愛擺在個人的動機之前，我們的問題就不會越滾越大了。

像愛滋病這樣令人恐懼的疾病，可以把數以萬計的人捲進痛苦的深淵，同時也可以讓數以萬計的人學習臣服。一旦有夠多的人到達那個地步，一旦愛累積到足夠的量，或是如《奇蹟課程》所言，一旦有足夠的人擁有奇蹟心志時，人類的意識就會瞬間提升。

那是一個突破，會帶來即刻的療癒。那場面就像是有上千萬的人車都停在紅燈前面，意識到自己缺乏愛，然後祈求上主的療癒。當有人發現愛滋病的解藥時，我們會把獎頒給少數幾位科學家，但是大多數的人終究會明白，是數以萬計人的禱告，使這一切得以發生。

拯救心念，拯救身體

只有救恩堪稱為治療。[15]

生病的經驗是一種召喚，召喚著我們去過靈性成長的生活。就這個角度來看，生病對很多人而言，反倒成為生命中最美好的契機。

疾病所帶來的考驗是，在我們最需要專注於靈性的當下，它卻引誘我們執迷於身體。我們需要靈性的操練，才能扭轉這樣的想法。靈性操練是心理上的鍛鍊，透過一些練習，讓自己的心變得更強韌。《奇蹟課程》說，我們的成長有限，是因為我們的心靈缺乏操練。若能練習從充滿愛與信心的觀點來看待疾病，免疫力將會提升，而這麼做是對我們的心靈的一大挑戰。

要改變生活習慣，是一件困難的事。而一個被診斷出疾病的人，生活上迫切地需要做改變。以前我們習慣吃垃圾食物，現在必須改吃健康食物；以前我們習慣抽菸、喝酒或熬夜，現在必須戒掉這些習慣；以前我們本能地在恐懼、恐慌和攻擊的模式裡運作，現在必須對一切的可能敞開，如此才能鍛鍊我們的心靈，用不同的角度去看待事情。

對科學來說，身體和心靈之間的關聯也許是一個新的研究領域，但是對東方醫學、宗教和哲學來說，這已不是什麼新聞。身體有它的智慧。就像狄帕克．喬布拉在《量子療癒》中說的：「生命本身是騎駕在化學物質之上的智慧，我們不要誤會騎師和馬是同等的。」在西方的醫療傳統裡，人們努力驅使馬匹往某個方向跑，卻沒想過要先和騎師溝通。

靈性的、全人觀點的療癒觀，焦點不只是身體，還包含了心靈的層面。誠如狄帕克．喬布拉所言：「我們已來到世界觀劇變的時刻，在科學史上，這是頭一遭心靈的存在獲得認可。在這之前，科學一直把人視為一台精密的機器，如今終於明白，我們其實是創造出這台機器的想法本身。」

愛，能夠改變我們對疾病的想法。《奇蹟課程》說，疾病來自於分裂，而療癒來自於合一。人們當然會討厭自己的癌症，憎恨自己的愛滋病，但一個有病的人最不該做的，就是討厭自己。療癒來自我們用轉換後的知見，去看待我們和疾病的關係；我們選擇用愛，而不是恐懼的態度看待問題。

舉例來說，當一個孩子給媽媽看他割傷的手指頭時，媽媽不該說「好嚴重呀」，而是要親吻孩子的指頭，用愛澆灌傷口，這麼做將會在無意識中啟動療癒的過程。傷與病沒有程度之分，即使不治之症也無須另眼相待。癌症、愛滋病和其他重症，都是內心呼求愛的表現，疾病傳達出的訊息不是「來恨我」，而是「來愛我」。

如果我現在放聲大叫，站在我面前的人會有兩種反應。他可以吼回來，叫我閉嘴，但這麼做可能會激怒我叫得更兇；或者，他可以來關心我的感受，告訴我他愛我，替我的不開心感到難過。後者的回應方式，比較能讓我靜下來。

面對棘手的疾病，也一樣有這兩種反應方式。攻擊疾病並非治癒之道，那只會讓病情惡化。只有和疾病對話，試著去瞭解疾病想要告訴我們的是什麼，治癒才會發生。醫生想要教疾病閉嘴，而形上學家則想要傾聽疾病究竟想說些什麼。

路西法在「墮落」之前，曾是天堂裡最美麗的天使；在電影《星際大戰》裡，黑武士達斯．維德一開始也是一個好人。疾病是變成了恐懼的愛，是本來想支持我們的能量，最後變得與我們對抗。能量無法被摧毀，所以我們的任務不是去扼殺疾病，而是把這個能量導回原本的方向，也就是從恐懼轉向愛。

近來，利用觀想治病，已成為治療重症最受歡迎的方法之一。人們常觀想小精靈（PAC man），或是荷槍實彈的士兵，在我們體內剷除具威脅性的癌細胞或病毒。不過，我們不妨試試看更有愛的治療方式。就像是藏在黑武士達斯．維德醜惡面具底下的，是一個真實的人，是一顆真實的心。我們也可以把愛滋病等絕症，看作是「穿著達斯．維德盔甲的天使」。

試試看這樣的觀想：先把癌細胞或愛滋病毒想像成黑武士達斯．維德，然後卸下他的盔甲，讓他內在的天使顯現。看著癌細胞或愛滋病毒所有受傷的一面，然後讓自己看見一道金光、耶穌或一群天使圍繞著它們，最後將它們從黑暗釋放到光明中。誠如先前的舉例，最能讓尖叫緩和下來的是愛。愛能帶來平安，愛能讓威脅止息。

在我的工作坊裡，我會玩一種有趣的寫信練習。我要學員寫信給自己的愛滋病或癌症，或任何其他的疾病，真誠地告訴疾病自己的感受。信的格式是這樣子的，例如：

親愛的癌症：
以下是我真誠的感受。
……
……

艾德敬上

然後，我們以疾病的角色，回一封信給艾德。

親愛的艾德：
以下是我真誠的感受。
……
……

癌症敬上

以下這些信，是我的工作坊中的學員寫的：

親愛的愛滋：

過去我一直很恨你。我很困惑也很害怕接受死亡和生病的想法。我一直很相信電視、醫生，以及其他人每天試圖加諸在我身上的恐懼。但是，三年半過後的今天，我發現自己還沒死。我雖然有這一切的健康問題，但今天的我卻比以前更有活力。多虧你出現在我的生命之中，現在我是一個成熟的人了，你賦予我活下去的理由，為了這一點我很愛你。

史帝夫 敬上

親愛的史帝夫：

如果我真如人們所說的，想要置你於死地，你不覺得你早該死了嗎？我無法扼殺、傷害或讓你生病。我沒有聰明的腦袋，也沒有刁蠻的破壞力。我只是一個小小的病毒，而你把應該交給上主的力量交給了我。我竭盡所能地予取予求，因為我和你一樣不想死。的確，我以你的恐懼為生，一旦你的心念平安，充滿寧靜、真誠、信心和活下去的欲望時，我就會死去。

愛滋病毒 敬上

親愛的愛滋：

我好怕自己年紀輕輕就死了。我好怕去醫院，讓一堆針頭和其他東西戳在我的身體裡。我好怕痛。你為什麼要這樣對待我和我的朋友？我們究竟做了什麼事讓你生氣，讓你這樣傷害我們？到目前為止，你讓我變得很孤單，你為什麼要這樣對我？還要持續多久？請你盡快回答我，告訴我你要的是什麼。我覺得我們的時間不多了，但是我很願意傾聽與學習。謝謝你。

卡爾 敬上

親愛的卡爾：

我不會比你更瞭解整個狀況。我的意思不是你和你愛的人錯了。我只是以我所知最好的方法努力活著，就像你一樣。很遺憾地，結果我傷害了人們。我只是需要愛，就像你一樣。我一直哭喊著，但是似乎沒人聽見我的哭聲。現在我只覺得你想要消滅我，而不是去面對你內在那些把我引發出來的東西。請不要恨我，或試圖消滅我。請愛我。

愛滋 敬上

親愛的愛滋：

你真的把我惹毛了！為什麼我要在二十六歲的年紀，就活在你和死亡的陰影之下？我還想活到能去參加畢業十週年的同學會，但是我不確定能不能如願。這是一個很大的問號。我受夠了擔心每次感冒或睡覺的姿勢改變，就是死亡將至的訊號。我受夠了擔心被別人發現我得病的事。滾出我的身體，我不要你出現在這裡！就這樣。

羅絲 敬上

親愛的羅絲：

你和我都不知道，我倆怎麼會走到這一步，但我們確實是還綁在一起。我很樂意離開，可惜離開的門並沒有向我打開。嘿，我給了你一個看待人生和死亡的觀點，而這是絕大部分與你年紀相仿的人，從來沒有想過的！和我一起努力，我們一起克服這些障礙。

愛滋 敬上

親愛的愛滋：

我像很多人一樣，在身體和心理上都經歷過許多痛苦和改變。的確，如今我內在有很大一部分，覺得非常生氣和難過。我覺得這好像是一場超級大惡夢。我一定是造了什麼孽才導致這場疾病，但究竟是什麼樣的創傷，非得像這樣地懲罰我？我必須老實說，你這瘋狂的疾病帶給我的一切痛苦，我一點都不喜歡，我也不喜歡你帶來的心理折磨。但即使如此，我還是每天禱告。

彼得 敬上

親愛的彼得：

我在你的身體裡，而且我確實是病毒，我確實讓你很不舒服。但是我可以向你保證，心靈的力量可以讓一切變得不一樣。你很明白，如果不是這樣的話，你今天也不會在這裡了。的確，我用某些方法改變了你的人生，但是這些改變是正面的。你的心靈比我強大得多。

愛滋 敬上

親愛的愛滋病毒：

你去死吧！你把我們家的開心果奪走了，我很想念他，也很愛他，卻從來沒告訴過他。你為什麼要選在我們的大好時光，來侵襲我們？你為什麼要這麼激烈地打擊我們？我痛恨你引起的疼痛和苦楚，但是不知怎地，你卻激發了李奧和我們一家人最棒的部分。

伊內茲 敬上

親愛的伊內茲：

我沒有帶來所謂最好或最壞的東西。我就只是我自己。你們要怎樣詮釋我，都由你們自己決定。

愛滋 敬上

建議正面臨重病的人，都能考慮展開一趟和疾病「通信」的過程。把疾病看作是呼求愛的孩子，而不是某個亟欲擺脫的討厭鬼，這是比較正面的療癒方法。能量無法被摧毀，卻可以被奇蹟似地轉化。我們若決心放下自己對恐懼和危險的信念，選擇擁抱希望和愛，奇蹟就會出現。可以肯定的是，我們沒什麼好失去的，嘗試做這些事並無任何風險。「**救贖是如此的溫柔體貼，你只需向它悄悄示意一下，它就會全力以赴地伸出援手。**」[16]我們只要懷抱渴望療癒的小小願心，上主自然會接手一切。

關係中的身體

真正把你和弟兄分開的，並不是身體；你若諉罪於它，表示你真的神智失常了。17

我們不是這具身體，而是靈性。《奇蹟課程》說：「**你內在的基督並不住在身體裡。**」18身體是一道用來分隔你我的幻相之牆，它是小我最主要的詭計，用來讓我們相信自己和上主是分離的。

《奇蹟課程》說：「**在夢的世界裡，身體是主角。**」19人們賦予身體的意義（身體會說話、會動、會受苦，最後會死亡），在上主與受造物之間形成了一道虛妄的帷幕，掩蓋了「**基督的聖容**」20。弟兄也許會對我們說謊，但他本身不是那個謊；弟兄之間也許會起爭執，但我們依舊在愛裡一體不分。《奇蹟課程》說：「**心靈原是一體不分的，身體則不然。**」21身體本身什麼也不是，它無法寬恕、無法看見東西，也無法與人交流。「**你若決心著眼於身體，就會看見一個分裂的世界、互不相干的萬物，以及諸多不可理**

喻的事件。」[22]

《奇蹟課程》還說：「**你若把自己視為一具身體，不可能不意志消沉的。**」[23]把別人視為一具身體，也會帶來相似的焦慮。另一個用身體來製造沮喪的方法，就是無愛的性。性只是一張空白的畫布，要用它來呈現出愛或恐懼，取決於我們的選擇。當性為聖靈所用時，那是一種深度的交流；當性為小我所用時，那就變成了交流的替代品。聖靈透過性來療癒我們，小我則透過性來傷害我們。有時候，我們以為和另一個人發生性關係，可以增進彼此之間的連結，不料卻製造出更多的幻相與焦慮。唯有當性成為靈性交流的管道時，那才是真正的被愛充滿，我們和另一個人才得以合而為一。

出於愛的性是神聖的。在這層意義底下，與身體相關的一切，都可以被用作神聖的表達。很多追求靈性生活的人以為，必須避免所有和身體相關的俗事才能好好修行，但這其實是一種對身體過分執著、出於小我的想法。任何可以用來傳遞喜悅和交流愛的事物，都是上主救贖計畫的一部分。

二十歲左右時，我生平第一次和穿西裝的男人約會。在那之前，我交往的對象都是穿牛仔褲的男孩子。我還記得那一天，當我打開門看見一個穿著西裝、披著大衣的帥氣男人站在我面前時，第一個念頭就是他看起來真像黑道大哥！我們約會的那整個晚上，我的內心一直在交戰著，因為我對他的大衣很有意見。當然，我不能跟他說，我因為他帥氣的大衣而對他興趣缺缺。他是一個義大利人，他讓我體驗到歐洲男人對女人的體貼，但這是在分手多年以後，我才明瞭到的事。

在那不久後，我們開始交往，我從來沒和像他那樣什麼事都大驚小怪的人交往過。每一次約會，他都當成大事來處理。他會問我想看舞台劇還是電影，問我想去這間餐廳還是那間餐廳，問我他該穿什麼樣的衣服好。對此，我深感驚訝。究竟穿藍色襯衫還是白色襯衫好，真的有那麼重要嗎？一開始這很困擾我，因為我覺得約會只要輕鬆自在就好，所以我覺得我們格格不入。最後我明白到，對他而言最重要的是讓我開心。

那段感情結束的幾年後，我和當時的新男友一起走過一家服飾店。他一眼相中兩件外套，不知道該買哪一件。當我表示，我比較喜歡其中的哪一件時，他的反應簡直像把我當成媽媽一樣。他一直試圖暗示我，我的意見無法左右他的決定。於是，我告訴他：「這就是我和你之間的差別。如果今天是我要買衣服，你看上的只會讓我更想買下它。要是你一點都不會興起我取悅你的欲望，想讓你更幸福快樂，那我們又為什麼要在一起呢？」

這就是人們化妝、盛裝打扮，讓自己看起來漂亮的原因。重點不在於勾引另一個人，而是以美麗和愉悅的形式，為世界增添光明。一切事物的意義，端賴我們如何利用它，為世界帶來幸福快樂。衣物與其他個人配件，和其他形式的藝術並無不同。如果我們用愛看待它們，它們的振動頻率便能提升，讓圍繞著這世界的能量隨之增加。

這種看法可不是自戀或虛榮。如果我們不在乎男朋友或先生的感受，不在乎女朋友或太太是否喜歡我們的穿著，那才叫自戀。我曾經交往過一些堅持要我化妝的男朋友，也交往過一些堅持要我別化妝的男朋友。對我來說，這些經驗的意義，不在於決定以後要和哪一種男人交往，而是讓我從「我不在乎他想要什麼」，轉變為「我在意怎麼做才能讓他感到幸福」。

性別革命的第一步，是要女人打破屈從男人的壓迫模式；而第二步，則是女人要體認到，除非自己的個體性（individuality）臣服於一個更高的一體性，否則單獨發展自己的個體性並無意義。而那一體性，指的就是我們和他人的關係。由於我們並不是這具身體，我們的存在也不是疏離的。假裝彼此隔閡地活著，只會衍生痛苦。

虛榮、體重與年齡

肉眼只能看到外在形相。24

什麼是虛榮？看看美國人對體重、髮型、外貌與性魅力的追求，就不難理解了。那些神經質般的執迷，讓全民每年花上好幾億美金去購買負擔不起，而且根本不需要的產品。是什麼驅使著年輕女性為了要瘦，而身陷在危險的飲食失調之中？當社會文化的發展，偏離了尋求心靈的滿足後，上述狀況便會不可避免地發生。當我們把身體看成是結果而非過程，恐懼就會因此滋生。我們恐懼自己不夠好、不夠有魅力，害怕別人不喜歡我們，恐懼自己淪為人生的輸家。

想跳脫這個痛苦的漩渦，只有一個辦法，就是放下對身體的認同，然後以這樣的觀念來取代——我不是一具身體，我是自己內在的愛，而愛本身就是我的價值。當我們的心靈遍滿光明，黑暗就無處藏身；當我們明白自己真正是誰，痛苦和困惑便無處立足。

我二十幾歲的時候，一直有體重方面的困擾。雖然沒有到過重的程度，但那體重已經讓我夠苦惱了。當時，大概有十到十五磅（譯註：約四點五公斤到七公斤）的體重，是我一直想甩卻甩不掉的。每次節食之後，體重都會不降反升。就心理層面來說，這結果並不令人意外。這就好比說，有人要我們不去想艾菲爾鐵塔，我們反而會一直去想艾菲爾鐵塔一樣。當我告誡自己別去想食物，就更容易滿腦子都是食物。戒吃是最糟糕的減重法。

我那時為了體重問題而禱告，然後得到指示：「就吃你想吃的吧。」我覺得這指示真是瘋狂到極點。我心想：「但是，一旦我這麼做，一定就會開始吃個不停。」然後，我的內在指引回應說：「沒錯，剛開始會是那樣。你必須先補償一下加諸身上多年的壓抑，直到覺得夠了為止。然後，你會回到自然的韻律中，獲得療癒。」

於是，我照做了。我認識一個瘦下來很多的女人，她告訴我，她是請上主幫忙做到的。她說：「我不是請上主幫我變瘦，而是請祂幫我擺脫嗜吃的癮頭。我根本不在乎自己很胖。我只是告訴上主，如果祂要我當個胖子，那就讓我當一個自在的胖子。我只想要脫離嗜吃的地獄。」

後來，我決定不再介意體重，我再也忍受不了那種壓抑了。在修習《奇蹟課程》之後，我漸漸明白，體重問題一點都不重要，唯一重要的只有愛。如果我能把更多的注意力放在愛上，任何問題都能迎刃而解。在東方宗教裡，人們常說：「只管去找神，其餘虛假的自會剝落。」當我越發實踐課程的教導時，便不再會一直想到自己的體重。直到有一天我照鏡子時，發現肥肉居然都不見了。

我恍然大悟，體重和身體無關，而是和心靈有關。以前，我對人的防衛心很重，總是無意識地在自己周圍築起一道無形的城牆，以為這樣就能保護自己，脂肪就是我的那道城牆。然而，我的害怕是來自沒有給出愛。小我利用體重，讓我和其他人維持疏離。除非放下分裂的意圖，否則我永遠都瘦不下來。我的潛意識只不過是遵循指示辦事而已。等我開始把能量放在跨越那道城牆，允許基督進入我的心靈時，那道城牆便奇蹟似地消失了。

在從《奇蹟課程》裡學到身體不重要後，我納悶為什麼還需要運動或健康的飲食。後來我觀察到，在我運動的時候，會比不運動的時候更少想到身體。如果我不運動，反而會一直去注意那粗壯的大腿和水桶腰。同理，健康的飲食之所以重要，是因為能幫助我們活在最輕盈、有活力的身體裡。照顧好身體，就是照顧好我們的靈性。

正如今日所見，到處都有在努力抗老的人，然而身體的老化只不過映照出內在的恐懼和擔憂。當我們的靈性準備好再次輕裝旅行，心靈就會放下日趨沉重的身體，若從這個角度來看，老化將是截然不同的經驗。我在一本書上讀到，聖母瑪麗亞活到五十幾歲仍青春不老。我大概知道原因：我們的心靈若只容納愛與關懷，不讓過去或未來像重擔一樣壓在身上，老化就可能變成一個回春的過程。

就靈性的角度來說，我們年紀越大，應該越顯得年輕。因為時間的唯一目的，是教人學會放下對形式的執著。若能如此，身體便會一躍成為完美的生命、健康的教具，而帶來喜悅。

我們的文化裡，有嫌惡高齡的成見存在。如同其他事物一樣，唯有當我們如實接受年齡，它才有轉化的可能。許多人怕老，擔心自己老了會討人厭、不性感，但這些都只是一堆想法。你若走在巴黎街頭，會發現一些五、六十歲的法國女人，依舊散發著成熟的魅力。但是在美國，我們往往認為女人到了這樣的年紀，已經年老色衰了。

讓我們改變自己的想法吧！讓我們記著：活得越久，知道的事就越多；而知道得越多，就越迷人。透過改變看待老年人的眼光，我們才能為老化創造新的內涵。畢竟，小我總是宣稱，身體的衰敗就是人的衰敗。在美國，我們的文化在對待老年人上，十分無情又冷漠；但是在中國，長輩備受敬重，這也是中國的老人家可以長壽、健康又活力充沛的原因。多數美國人的信念是越年輕越好，於是這就變成一種集體經驗。「越年輕越好」會成為集體經驗，不是因為這觀念是對的，而是因為我們都是這樣想的。

我們的疾病、成癮症和各種扭曲的行為，問題的根源都出在心靈。只有從心靈著手，才能獲得療癒。《奇蹟課程》說，我們被賦予最寶貴的力量，就是改變心靈的力量。我們的身體無法影響我們的情緒，平安只可能來自心靈。所以，《奇蹟課程》說：「**心靈的平安顯然屬於內在事件。**」[25]

療癒的意義

千萬別忘了，整個世界都是為了上主之子的療癒而存在的。26

每當講到療癒，我們通常想到的是身體的療癒。但是，《奇蹟課程》把療癒定義為「內在的平安」（inner peace）。有的人雖然身體有病痛，內心卻依舊保有平安；有的人身體健康，內心卻飽受折磨。

詹波斯基（Jerry Jampolsky）在《只教人愛》（*Teach Only Love*）一書裡，提出態度療法（attitudinal healing）的原則，幫助我們無論外在環境如何，都可以得到內在的平安。當我們把病痛交在上主手上，就是把生病的經驗全然交託出去，明白聖靈可以善用一切，將愛帶進我們的意識中。

很多人都說，病痛就像是一記「暮鼓晨鐘」。這意思是，人們被疾病喚醒懂得要珍惜生命，開始感謝每一個早晨，感激每一位親友。有些人說，當被診斷出重病之後，才會覺得人生真正地開始。為什麼？因為當我們知道患了絕症，許多的個人包袱都會迅速脫落。我們會去思考，為什麼我要這麼傲慢，為什麼我要假裝堅強，為什麼我老愛批判別人，為什麼我不懂得感謝身邊的愛和美好，為什麼我一直看不見自己最單純的生命本質——內心的愛。

放下幻相本身就是一種療癒。我們的本性、實存生命（being），都存在於內在的核心之中，而上主就在那裡。尋回自己的本性，回到上主的懷抱中，這是我們人生的使命。即使在最痛苦的經驗中，我們也能達成這項使命。

我最近為一位死於愛滋的年輕人主持喪禮，他的朋友都很愛他，許多人在儀式進行的過程中忍不住哭了。喪禮接近尾聲時，幾位生前好友合唱了一首他生前常唱的歌獻給他，好幾個人唱到幾乎泣不成聲。心碎在他們的臉上表露無遺，我邊看邊想，即使在場的有人是演員，可能都不曾有過這麼發自肺腑的演出。

還有一次，我主持一位年輕女子的喪禮，她死於一樁謀殺案。這名女子已經結婚，有一個三歲大的孩子。她的先生坐在教堂裡，我永遠忘不了他那絕望的神情。我告訴他說：「麥可，我們都知道，你永遠回不到過去了。在你的面前，有兩種選擇：更封閉你的心，或更敞開你的心。你也許會從這件事得出一個結論：世上沒有人值得信任，包括上主；或是，你允許自己變得更柔軟，允許眼淚融化包圍你的高牆，這樣你就會變成一個有著難得深度的慈愛的人。」

然後，我對在場的女士說：「這個小男孩剛失去了母親，從此再也得不到母親的擁抱。但我們可以減少他的痛苦，請許下心願，有空時會去拜訪這個孩子，盡你們所能地給出愛。期許自己做一個有擔當的女人，肩負起這個責任。因為黑暗能教我們的，就是如何驅散黑暗。」

巧的是，這場喪禮結束後，我還要趕去主持一場婚禮。當我在婚禮上致詞時，我注意到新郎和剛才那位喪妻的男子有著相似的眼神。當然，這新郎非常高興，沒有一絲哀傷。但相似的是，他們眼中純粹的愛，其中毫無造作的成分，都帶著坦誠、敞開和愛在靜靜聆聽。

療癒就是回歸愛的過程。病痛和死亡是痛苦的人生課題，這往往與我們愛得多深有關。即使如此，那依然是我們的課題。有時候，必須拔出那把插在心頭的劍，才能劈倒擋在面前的高牆。

有一天晚上，我在洛杉磯的工作坊中帶領一段冥想時，忽然發現我的兩個朋友在教室後方哭泣，因為他們的一位朋友罹患了愛滋病，正瀕臨死亡邊緣。看他們這麼傷心，我也覺得非常難過。這件事讓我發現到，我們可以像

X光般洞悉別人的痛苦。

「這些重擔何時才能卸除？」我問上主。這個疾病已經造成太多的悲傷、痛苦和死亡。「難道還不夠嗎？能不能結束這一切？」

然後，令我驚訝的事發生了。我記起大約在十年前，那個也曾置身「靈魂暗夜」中的自己。我問自己，我不是已經用正面的方式，深深地從痛苦中獲得轉化了嗎？如果我的靈魂，必須穿越那些痛苦的經驗，才能到達更高的自我覺察，那別人不也正在經歷同樣的過程嗎？我的任務不是去評判，不是去質疑萬事萬物背後的終極智慧，而是盡己所能地給予協助。

送給受苦的人最大的禮物，就是在心中為他守住一個想法——黑暗背後總有光明存在。不論外在發生什麼事，都只是我們內在狀態的冰山一角。所有人生的課題、真正的改變和成長的契機，都在肉眼看不到的地方，藏在靈性水平面底下。雖然看不見，但它們確實存在。

能活得比較久，不見得就能活得比較好。擁有健康的身體，不代表就會擁有健康的人生。生命僅僅是愛的體現，而死亡只是愛的不在。一旦悟出了生命不朽，我們便能回歸自己真實的樣貌，成為人子（sons of men）和上主之子。

死亡與輪迴

死亡並不存在。上主之子是自由的。27

《奇蹟課程》說，誕生不是生命的起點，死亡也非它的終點。生命是永恆的，生與死只是生命綿延不斷的過程。肉身的輪迴，只不過是生命的一種表現形式。

《奇蹟課程》說的「**光明寶相**」（Great Rays）**28**，這個概念其他形上學也提到過。光明寶相就是每個人散發出的能量場，那是超乎我們感官所能察覺到的。我們的感官能力反映著當下的信念體系，當信念體系擴張時，感官能力也會隨之拓展。那些能夠看見氣場（aura）的人，已經開始意識到這光芒。在佛陀和耶穌以及其他開悟上師的畫像上，通常會畫一圈光暈在頭部後方，或從心的位置輻散出光線。

這些光線和能量是我們的生命之力（life force），而身體只是供生命暫駐的載具。由於不明白這一點，才會認為身體的死亡就是人的死亡，但事實上並非如此。就像人們曾經以為地球是平的，當船隻行駛到地平線盡頭時，就會跌出地球的表面。在未來，當人們回顧我們現在對死亡的理解時，也會認為這論點和地球是平的一樣奇怪、無知和過時。靈性是永生不死的，身體的死亡就像是脫下一件外衣而已。

小我的真實，僅限於感官能知覺到的範圍。但是，我們都知道，有很多的事物是肉眼看不見的，像是原子、質子、病毒或細胞等等。如今，科學家開始認識到，在我們所感知的物質層面背後，還存在著「一體性」。這個一體性就是上主，而我們的靈性就在其中。

輪迴就像是進教室上課一樣，靈魂進到教室，是為了學習必修的課程。這過程，就跟轉換電視頻道一樣。例如，我們都轉到第四頻道，當某些人往生，他們就不會再出現在第四頻道了，但並不表示他們從此不再傳送訊號，他們可能會出現在第七或第八頻道。不論我們有沒有接收這些訊號的設備，訊號本身依然存在。只不過，小我告訴我們，感官知覺不到的就是不存在。

有些人說，他們看見過有一道光，從瀕死者的頭頂射出去；還有些人分享了自己的「瀕死經驗」，說他們暫時出離自己的身體。我遇過一位在墜機事件中倖存的年輕女子，飛機失事當時，她大量失血，腿骨也都折斷了。她事後描述說：「我死過，然後又回來了。死後的世界令人嚮往，那裡非常溫暖、讓人安心，就像回到母親的子宮。但是，我得做出選擇。我想到年邁的父親，我知道如果我死了，他一定會承受不住，所以我拚了命回來。」

「從此以後，我再也不會在別人的喪禮上掉淚了。」她說：「我寧可為留在世上的人哭泣，因為我從瀕死經驗中知道，去世的人其實到了一個很美好的地方。」

一旦感官能知覺到我們的「光明寶相」，我們就會明白，身體就像是存在於我們真實樣貌前的一道陰影。當我們聽聞某人過世，僅僅意味著這道陰影消失了而已。我們將不再把死亡，當作關係的結束。耶穌說：「死亡是最後的敵人。」這句話的意思是，「死亡最不應該被當成敵人。」真正的問題不在於死亡，而在於我們如何看待死亡。所有人最終都要走，只是有些人搭九點半的車走，有些人搭十點零七分的車走。相同的是，我們終究都會搭上車。若能接受這樣的看法，生命的視野將獲得轉化，從身體導向提升為靈性導向的層次。

生命像是一本沒有完結篇的書。雖然每一章都有完結的時候，但是章節卻可無限延伸。每一次輪迴的終點，就是一個章節的結束。某個程度上，前一章的結束也代表了下一章的開始。一個朋友曾對我說：「直在父親過世後，我和他的關係才獲得改善。」

《奇蹟課程》說，交流不會因為身體死亡而休止。真正的交流，超越了耳朵聽、嘴巴說的層次。當有人過世了，我們必須學習不同的對話方式。當我們願意向永恆的生命敞開，心靈自會發展出超越感官的交流能力。

寫信有助於培養這種交流能力。我們先寫一封給往生者的信，然後再寫一封他們的回信。這個練習的用意在於擴展心靈，去接受更寬廣的可能性，這是小我不允許我們做的。來參加我主持的互助團體的人，常跟我說，他們夢見了某位過世的人。當往生者出現時，作夢的人會說：「你不可能會在這裡，你已經死了。」往生者於是說：「喔，這樣啊。」然後，夢就結束了。由於不願向所有的可能性敞開，往生者遂被我們拒於交流的門外。

透過寫信，或其他的交流形式，心理上的自我侷限得以拓寬。我們的夢和其他被壓抑的情緒，都會從拒絕相信的束縛中獲得釋放。有時候某人明明過世了，我們卻會說：「這感覺好不真實，好像一切都沒發生過。我覺得他好像還在這裡。」會有這樣的感覺，是因為他們確實還在，只是我們看不見而已。雖然小我會說：「那只是你的想像」，但實情是死亡本身才「只是我們的想像」。上主沒有創造過死亡，死亡並非真實的，對此，我們的內心其實再明白不過。

那麼，輪迴究竟是怎麼一回事呢？以下是摘自《奇蹟課程》的〈教師指南〉裡，說明輪迴的一段話：

究竟來說，不可能有輪迴這一回事的。既然沒有過去或未來，那麼投胎一次或者多次的說法就失去了意義。因此，確切地說，輪迴不可能是真的。29

如果它（輪迴這個概念）能加深人們對生命永恆本質的認識，當然有所幫助。30

輪迴觀就像其他的信念一樣，都有被人妄用的可能。這種誤用，最輕微的，會讓人陷於過去的陰影，或是以過去為榮。最嚴重時，它會使人當下感到欲振乏力。31

只要是以過去的角度來看目前的問題，多少都會有些風險。然而，任何觀念只要能加強「生命與身體是兩回事」的認知，對人多少也會有些益處的。32

也就是說，輪迴不是我們想的那樣，因為線性的時間根本就不存在。就算我們有前世或來生，也都是立即發生的。儘管如此，知道自己真實的生命超乎這具身體，也超乎任何一世的輪迴經驗，還是很受益的提醒。《奇蹟課程》沒有任何特定的立場，即使是資深的學員也可能有人相信輪迴，有人不相信輪迴。「唯一有意義的問題是，輪迴觀念是否對我們有益處。」課程的教導是，向自己內在的聖師尋求指引，請祂告訴我們這些觀念的意義，以及如何落實於生活之中。

在開悟的世界裡，我們的身體依舊會衰亡，但是，對於死亡的體驗將會大不相同。在《奇蹟課程》最後的〈頌禱〉裡，有這樣一段話：

> 死亡本應如此，它是出自平心靜氣的決定，在平安喜悅中作出的選擇，因為這具身體一直體貼地扶持著上主之子走在上主的道上。因此，我們十分感激身體所提供的一切服務。但也由衷欣慰自己不必一直依賴它而存活於這充滿限制的世界，只能藕斷絲連地與基督相通，驚鴻一瞥祂美妙的行蹤。如今，我們終於學會如何在光明中舉目，無所障蔽地仰望了。[33]
>
> 我們雖然稱之為死亡，其實這是真正的自由解脫。這種死亡來臨時，

不會假痛苦之力硬逼那不甘離去的肉體就範；身體會靜靜地歡迎解脫的來到。唯有真正獲得了療癒，這種死亡才會來臨，它表示該學的課程已經欣然完成且欣然結束，我們可以安息了。我們終於能夠安心地呼吸更自由的空氣，享受更平和的環境了；我們會在那兒看到自己曾經給出的禮物都完好如初地靜候著我們。如今，基督的聖容已然歷歷在目，祂的慧見在我們內日益穩固，祂的天音及上主的聖言也非我們莫屬。34

只有感恩的心才可能領受這條通往更高的祈禱境界的輕鬆途徑，一條人間溫柔的寬恕道路。35

我讀過一篇文章，內容講述某個日本的古老宗教如何慶祝人的死亡，並哀悼人的出生。在他們的理解中，出生意味著強迫原本無限的靈性，進入一個有限的軀殼裡，而死亡則是從限制中重獲釋放，重拾一切神所賜予的自由。生命不只是身體的生與死，我們永生永世地活著，而身體是必要的教室，供我們學習如何將世界從地獄中解放。讓我們一同禱告：「親愛的上主，願祢的旨意承行；願你的旨意行在地上，如同行在天上。」

第九章

天堂

天堂就在此地。此外沒有其他地方。
天堂就在當下。此外沒有其他時間。[1]

決定要快樂

天堂是我必然的選擇。2

上主的旨意是，我們現在就能快樂起來。當我們祈求上主的旨意得以成就時，就是要心靈把注意力放在生命的美好上，去看見一切歡喜而非哀傷的理由。

我們的邏輯理智通常是，先想好到底有哪些事值得開心，然後再努力去做。但是，快樂本身和外境一點關係也沒有。有些人看似擁有一切開心的理由，卻開心不起來；有些人就算泰山崩於前，也依舊快樂。快樂是一種選擇，關鍵在於決定要快樂。

這些年來，很多人開始提倡要「允許自己的感覺存在」。這是很重要的概念，卻也很可能被小我所利用。當別人說「去感覺你的感覺」，通常是指去感覺「負面」的感受。例如，「去感覺你的痛苦」、「去感覺你的憤怒」、「去感覺你的羞愧」，諸如此類。但是，我們對正面感受的感覺，應該要和對負面感受一樣多。小我會抗拒去感覺真實的情緒，所以我們更要支持自己，允許自己去感受內在的愛、內在的滿足和快樂。

小我總是會以我們察覺不到的方式，偷偷地拒絕快樂。還記得我念大學的時候，很愛在手臂下夾著幾本俄文詩集走來走去，自以為很有深度的樣子。我還會眉頭深鎖，表現出一副憤世嫉俗的模樣，好顯得自己是個有想法的人。我覺得這樣做，可以表現出自己深諳人類面臨的問題。我後來才明白，憤世嫉俗只會更突顯出，我對人類面臨的問題所知甚少。因為，關於人類生活最重要的認知是：我們每一刻都在選擇自己的人生，永遠可以選擇用不一樣的方式去看待事物。

有一句老生常談的話說：「你可以看到杯子裡只剩半杯水，也可以看到杯子裡還有半杯水。」你可以專注在生命裡做錯的事，也可以專注在做對的事上。你專注什麼，就會得到更多的什麼。創造，就是思想的延伸。你想著匱乏，就得到匱乏；你想著富足，富足就會來到。

你也許會問：「但是，假裝一切都很好，不就是對自己不誠實嗎？」問題是，負面的自我並不是我們的真實面目，而只是個冒牌貨。我們確實需要和自己的負面感受有所連結，但連結是為了釋放它們，進而感受到被掩蓋在它們底下的愛。

去感覺正面的情緒或抱持正面的想法，並不困難，問題在於我們抗拒這麼做，因為那會產生內疚。對小我來說，再也沒有什麼比獲得快樂這項我們天生的秉賦，更罪大惡極了。小我的思維是，你若是變得富有，就會有人變窮；你若是變得成功，就有人得吞下失敗。你以為你是誰啊，憑什麼擁有這一切？你要是變得富有或成功，就會對別人構成威脅，然後人們就再也不會喜歡你了。以上這些，都是小我灌輸給我們的論調。《奇蹟課程》勸告我們，要小心這些抵制快樂的信念。其中，很多人都有的一個隱藏信念就是：人不應該過得太快樂。

小我的那些信條，對我們毫無益處。放眼現今的世界，已經過度推崇受苦受難的價值了。人們把注意力放在十字架（crucifixion）上，而不是放在復活（resurrection）上。然而，缺少復活的十字架，只是個無意義的象徵。十字架代表恐懼的能量模式，象徵著封閉的心；相對地，復活象徵著逆轉恐懼模式。藉由把恐懼轉為愛，復活就出現了。

《奇蹟課程》說，觀看著十字架但不要耽溺其中。耶穌說：「那沒有看見就信的有福了。」在事事如意的時候，懷抱信心是很容易的事。但是，偶爾在人生中，我們必須像機師一樣，在惡劣的天候中靠著導航設備飛行，並在能見度很低的情況下降落。機師知道目的地就在底下，但是他看不見，只能信任導航設備的指引。當事情的發展不如我們所願，就像是機師看不到陸地一樣。在這樣的時刻，請仰賴自己靈性雷達的導航。我們相信，前方在等著的是一個快樂的結局。而靠著信心，透過信任，終究會呼喚出它確實存在的證明。

如此，復活的力量將會甦醒，而我們會在黑暗中看見光明。猶太智慧之書《塔木德》（*Talmud*），教導猶太人在黑暗時期中應如何行事，書中說道：「在最深沉的黑夜裡，你應表現得彷彿晨光已然降臨。」

問題出現的瞬間，上主已經把答案交給了我們。誠如先前所言，時間只不過是一個念頭，它是我們懷抱信心或缺乏信心的具體呈現。如果我們認為，自己需要花上很長的時間才能療癒創傷，就真的會需要很長時間才能被治癒。但是，如果我們能接受上主旨意已獲成就的想法，就會立即體驗到，其實所有的創傷早已得到治癒了。就像《奇蹟課程》所說：「**唯有無限的耐心才能產生即刻的效果。**」[3] 整個宇宙被創造出來，是為了在各方面支持我們，而上主也不斷表現出無盡的關愛。唯一的障礙是，我們不認同上主，我們不像上主愛我們一樣地愛自己，因此妨礙了自己體驗奇蹟的權利。

我們從小被教育說，自己是不完美的。世界的觀念是，一個人若自認值得享有全然的快樂，就是一種傲慢。我們就是被這種觀念卡住的！如果一切美好的事物，例如愛、成功、快樂等等，只有「值得」的人才配得到，潛意識就會認定，這些好東西不屬於我們。然後，我們就會開始破壞自己的好事。很少有人會像我們誤導自己那樣地誤導我們，也沒有人會來搶我們手中的糖果。糖果不見了，是因為我們認為自己不配得，而親手丟掉的。無法接納喜悅，是因為覺得那不吻合我們眼中的自己。

小我總愛把我們說得一文不值，但真相正好相反。我們的價值是上主創造的，沒有任何的光，比我們內在的光更耀眼。不論我們看不看得見那道光都無關宏旨，反正光就是在那裡，上主親自把它安置在我們心中。

當一個快樂的人，不只是我們的權利，還是我們的責任。上主是公平的，祂賜予每個人同等的幸福快樂。我們選擇過得快樂，就是在世間彰顯了上主的旨意。

快樂，是我們願意接受上主旨意的信號。皺眉比微笑容易得多，要憤世嫉俗並不困難，但這些都是讓自己僅止於對世界袖手旁觀的藉口。當有人告訴我：「瑪莉安，這個世界發生的飢荒讓我覺得非常沮喪。」我會反問：「你有定期捐五塊美金給特定的慈善團體，協助解決飢荒問題嗎？」我會這麼問，是因為我發現，那些去解決問題的人往往都不會有無力感，這和那些僅止於旁觀的人很不一樣。只有在懷抱著希望去解決問題時，希望才會來到。某個程度上來說，只有當我們選擇去發現或創造快樂時，快樂才會出現。樂觀和喜悅，都是靈性工作（spiritual work）的必然結果。

《奇蹟課程》說：「**愛等待的不是時間。**」[4]天堂一直都在，只是等著我們的接納。我們不會「以後」才經歷到天堂，因為「以後」只是一個無謂的念頭。耶穌說：「你們可以放心，我已經勝了世界。」耶穌完全明白（我們也可以瞭解），在上主的大能前，世界根本不足為懼；世界不是真實的，它只是一個幻影。上主創造的愛，才是唯一的真實、唯一的力量。

我們的大能

伸出你的手，向天堂高舉。5

在上主眼中，每個人都完美無缺，都擁有活出美好的無限能力。我之所以說「無限能力」，而非「無限潛力」，是因為潛力是一個危險的概念，那可能會害我們活在未來，而不是活在當下。不斷用「我可以成為什麼樣的人」來給自己打分數，會令我們陷入絕望，在那當中我們看不清真實的自己。除非能達到某種期待的狀態，否則就不算發揮了自己的潛力，潛力這概念，似乎永遠意味著未來才能經驗到的東西。

由於潛力這概念，我們受困於自己的無力感中。相較於潛力，能力則發生在當下，是立即性的。發揮能力與否的關鍵，不在於瞭解自己有什麼天賦，而在於願意承認自己有什麼天賦。與其寄望未來的成就，不如當下就敞開心胸做好眼前的事。等待準備得夠周全了才去做某件事，等待某個開悟的大師的到來，或等待得到某個博士學位，一點意義都沒有。我們總以為，明天會比今天更好，但是，如果今天什麼都不做，將如何抵達理想的明天？

過去，我曾經有好幾年的時間都過得很沮喪，因為自己一再錯失了實現夢想的時機。機會不是沒有降臨，是我自己沒有在那當下採取行動，我在眾多的可能性前止步，不知道究竟哪一條才是能實現「潛力」的路。這種神經質的擔憂，總是阻礙我當下就投入眼前的事。我一直很害怕採取行動，而這種恐懼就是源自與自性（Self）的分裂。「潛力獲得開發」的人，和潛力未獲開發的人，兩者間的差別不是誰有較多的潛力，而是允許自己活在當下的程度深淺。

雖然我們都是成年人了，擁有成年人的身體、責任和工作，但很多人依然缺乏對生命成熟的態度——允許自己發光、全然地綻放，不害怕當下的自己不夠好。若總在等待一個光彩奪目的未來，那未來肯定永遠不會到來。青少年或許還會夢想未來，但成年人已懂得好好享受當下的喜悅。

曾經有一個治療師告訴我，我的問題就在於總是想從A點直接跳接到X點、Y點和Z點。她說，我似乎沒辦法一步一腳印地從A點移動到B點。幻想著遠處的Z點，比實際移動到較近的B點容易得多。這就好比，準備一段奧斯卡頒獎典禮上的得獎感言，比起身去參加演員訓練班簡單得多。

除非有把握能把事情做好，否則我們通常很害怕真的去做。但是，有人若想在卡內基音樂廳登場表演，勢必得勤練習。我還記得幾年前，讀到一篇訪問瓊・拜雅（Joan Baez）的報導，訪談中她說鮑伯・狄倫（Bob Dylan）早期的一些歌並不是很理想，我聽了真是打從心裡覺得鬆了一口氣。因為我們常以為，天才都是從宙斯的額頭上蹦出來的，不是嗎？

有一次，我因為有事要到外地去，所以請別人幫我代班講課，但是對方說，他擔心自己沒辦法講得像我一樣好。我告訴他：「你當然沒辦法像我一樣好！我已經講了這麼多年了！但是，你若不開始去做，怎麼可能有變好的那一天？」我想，和前幾個世代的人相比，現在的人之所以缺乏嗜好，正是因為無法忍受去做自己可能做不好的事。

小時候，我學了好幾年的鋼琴，之後荒廢了很久，直到幾年前我又開始上音樂課。我不擅長彈蕭邦的樂曲，但僅僅是彈奏著這些曲子，就能讓我感到無比的療癒。我很清楚地知道，我們不用要求自己在做的每件事上，都達到大師級的水準，我們本身就是生命藝術的大師。生命的精湛卓越，不過是唱出自己的歌聲而已，不一定非得唱得多好聽。

在某個程度上，大部分的人都像是迫不及待衝出的賽馬，緊貼著柵門，祈禱著柵門打開，放我們跑出去。有好多被壓抑的能量，好多被塵封的天分，等著傾瀉而出。我們心裡都明白，生來是為了做更有意義的事，也因為如此，才會有一種根深柢固的恐懼，害怕自己的生命輕易就浪費掉了。唯一能釋放我們的，只有我們自己。那道反鎖住我們的門，就是自己的恐懼。在某個程度上，我們太害怕踏出往前的那一步，所以需要奇蹟拉我們一把。

在小我眼中，潛力這回事隨著我們而生，也隨著我們而死。充斥在生與死之間的，是無盡的痛苦。相反地，奇蹟卻能釋放我們，引導我們全然地活在當下，釋放出自己的力量與光輝。當上主之子放下過去、拋開未來，毫無負擔地活出當下的自己時，就置身在天堂了。地獄，不過是小我對當下此刻的障眼法；天堂則是過去、現在和未來合一的當下此刻。

靈性操練

沒有經過鍛鍊的心靈是無法成就任何事情的。6

愛不是嘴巴說說而已，還需要實際的操練。愛不僅僅是一張濃情蜜意的卡片，而是選擇以另一種方式生活，一個截然不同於這世界的思考體系。天堂，就是有意識地選擇拒聽小我的聲音。我們越常選擇和聖靈在一起，就越能把注意力集中在愛上。

《奇蹟課程》告訴我們，若能每天早上花五分鐘和聖靈在一起（操練〈學員練習手冊〉，或是誠心地禱告、冥想等），祂便能照料我們一整天的所思所想。

這就好比，我們需要負起戒酒無名會所說「有意識的接觸」（conscious contact）的責任。如同去健身房練肌肉一樣，我們可以藉由冥想和禱告來鍛鍊內在的肌肉。《奇蹟課程》說，我們之所以少有所成，是因為心靈未經鍛鍊。若是缺乏練習，往往會本能地落入受害者的角色，進而產生批判與恐懼，而不是愛。《奇蹟課程》還說，我們太過「放任雜念紛飛」。而冥想，有助於心靈的安頓。

在冥想的時候，大腦會發出不同於平常一般意識的腦波，也會接收到更深層的訊息。《奇蹟課程》說，〈學員練習手冊〉是整部課程的最核心，因為心靈需要逐步操練，才能跟得上〈本文〉的教導。我們尋求的轉化，不在於想**什麼**，而在於**怎麼**想。若能這樣做，奇蹟原則（the principles of miracles）將會內化成解決所有問題的心理慣性。

靈性成長，不是去學一堆複雜的形而上觀念，而是讓自己的思想變得越來越單純。《奇蹟課程》亦然，當我們越來越接受奇蹟的原則，用它們去取代小我的思想體系時，成長就會發生。冥想就是挪出時間和上主在一起，安靜地傾聽指引。在這樣的時刻，聖靈獲得了進入心靈的機會，去轉化我們的知見。這不只會改變一個人的行為，還會讓他認識到自己真正是誰。

《奇蹟課程》的〈學員練習手冊〉，是一部為期三百六十五天的心理轉化練習，以一天一課的方式進行，目標是幫助我們放下恐懼的思維，接受愛的思維。每一天當中，我們可以試著閉上眼睛一段時間，全神貫注在當天的練習主題上。

〈學員練習手冊〉的導言說，你不必對這些練習心懷好感，甚至覺得討厭也無所謂，只要確實**照著做**，遲早會感受到它的效力。如同去健身房做重量訓練，你可能喜歡也可能討厭，但個人喜好並不會影響訓練的成效。唯一會影響成果的，是你有沒有確實去做。冥想也是如此，效果不是立竿見影的。就好比只去健身房運動個一小時，就期待身體線條出現明顯改變，絕對是不可能的；但是，如果連續一個月每天都去運動一小時，日子一久，就可以看出變化了。

有時候，別人比我們更容易察覺到自己的變化。我們甚至不會意識到自己的心念，無形中放射出多少能量，但是那些能量，卻會影響周遭環境和置身其中的人。儘管本身感受不到，但別人都感受得到，並會照著他們所感受到的，來回應我們。

靈性操練，讓我們重拾自己的力量。一個充滿靈性力量的人，表面上不見得做了很多事，但和他們相關的事物總是水到渠成。例如，讓英國人離開印度的聖雄甘地，他本人做的事並不多，但他釋放出的強大力量卻改變了周遭的人，甚至國家的命運。美國甘迺迪總統也是，他雖然在治理國家上建樹平平，卻喚醒了眾人心中的力量，造成一整個世代美國人意識上的改變。在我們最高層次的存在裡，我們其實什麼都沒有**做**。

當上主的大能透過我們運行時，我們什麼都不必做，只要完全放鬆就好了。冥想就是深沉的放鬆，在冥想中，小我那發狂似的聲音，和它那空洞的妄想，都一併化為灰燼。

每個人的內在，都有一個能接收上主天音的收音機。問題是，這收音機靜電纏身，滿是雜訊。只要安靜地和上主待在一起，那些靜電就會自動消除，我們就能聽見那細微的寧靜之聲。那是天堂裡唯一的聲音，而我們會因為重新聽見而歡欣不已。

看見光明

光明之子，你還不知道光明就在你內。[7]

只有內在的光明，才是真實的。我們害怕的，其實不是自己內心的陰暗，而是心中的光明。我們對黑暗並不陌生，事實上我們對它再熟悉不過。誠如《奇蹟課程》所言：「**不論是化為虛無或淪落地獄，對你都比天堂容易接受一些。**」[8]光明的意思是，了悟到自己原本就是完美無缺的。這想法讓小我備感威脅，深怕它地位不保，所以武裝起來抵制光明。

有一天，某個朋友跟我說，我們另一個朋友有著「小心眼的靈魂」。我聽了後，回答說：「不是這樣的。他有的只是小心眼的個性，但他的靈魂是我見過最美的。他那小心眼的個性，只不過是對於光明的防禦措施。如果他讓自己的光遍照內心，誠摯地表達出心中的愛，就能壓倒他的小我。小心眼只是他用來自我保護、抵制光明的盔甲。」

我們最常用來抵制光明的伎倆，就是把罪咎投射到自己或別人身上。上主對我們的愛無止盡，宇宙也給了我們無限的支持，然而除非我們自己願意敞開心胸接受，否則一切都是憑一己之力在行事，企圖把奇蹟推開。上主的旨意很簡單，就是要我們過得幸福快樂，要我們寬恕自己，在當下此刻認出自己原是天堂的一分子。

知道自己夠好，有權利說出想說的話，這不是一種傲慢，而是一種謙卑。在自我憎恨未解除之前，我們很難真心地去支持和滋養別人，因為支持別人意味著支持自己。在演講的場合裡，我可以輕易區辨出聽眾之間的差異。有些人是真心想要尋求真理，有些人則是想來踢館，表現出一副「是喔，我倒想看看你有多大能耐」的神情。兩者的差別在於，前者邀請我在他們面前發光，後者則挑戰我能否在他們面前發光。

愛是取之不盡、用之不竭的資源，我們無須爭搶，每個人在各個層面上都能得到各自的富足。只有當瞭解到自己能夠擁有的，多不過給出的一切，我們才能停止明爭暗鬥，開始給人祝福。

幾年前，我和一個年輕女孩住在一起。有一天，我回到家，看到她和五、六個女性朋友正坐在床上，端詳著一張名模克莉斯汀・布林克利（Christie Brinkley）的海報。讓人難以置信的是，這些女孩拚命想貶低克莉斯汀．布林克利，說她其實沒那麼漂亮，還說就算她漂亮，一定也不聰明。

我溫和地告訴她們，她們之所以說這些話，是因為每個人都很希望自己能像克莉斯汀．布林克利一樣，但是又覺得不可能，所以乾脆攻擊她。我說：「你們想要變漂亮，這想法一點問題都沒有，甚至是一件好事，只不過你們可以試試用不同的方法變漂亮。讓自己變漂亮的方法，就是去讚美克莉斯汀．布林克利。稱讚她的美，接納她的美。唯有如此，你們才能接納自己的美。有一個美麗的克莉斯汀．布林克利，並不代表你們就不美麗了。這世界可以容納一切美麗。美只是一個觀念，每個人都能擁有它。你們祝福別人得到什麼，自己就會得到什麼。」

一個在專業領域有所成就的人，勢必是一個為別人創造成功機會的人。執著於資源有限的想法，只會讓我們更緊抓著地獄不放。我們必須學會，只選擇聖靈的思想體系。所謂的天使，即是指上主的聖念（the thoughts of God），在天堂裡，人們會以天使的方式思考。天使照亮了回家的路，天使不吝惜給予任何人任何事物，天使不會攻擊別人，不會起比較心，不會封閉心扉，也不會有所畏懼。這就是天使能歌唱、能飛翔的原因。而我們都是天使，只是披上了人形的外衣而已。

世界的終結

世界末日並非灰飛煙滅，而是被轉譯為天堂了。9

世界的終結一點都不可怕。在「末日」來臨時，我們不會乘太空船走避到外太空去，相反地，我們會搭著心靈太空船，航向自己內在的宇宙。這艘心靈太空船，就是受聖靈領航的被療癒的心。

天堂長得什麼模樣？就算是見過的人，通常也只是驚鴻一瞥。但是那驚鴻一瞥，已足夠讓人永保重返天堂的渴望。《奇蹟課程》說，我們都對那首「**古老旋律**」（ancient melody）**10** 記憶猶新，它一直在呼喚著我們回家。天堂是我們的家，我們來自那裡，活在天堂才是我們最自然的生存狀態。

偶爾，我們會經歷一些置身天堂的時刻，像是在母親的懷抱中，或是和別人相擁。這時候，我們感覺到一種內在的平安，那是完全不帶批判的安全感。在其中，我們全然放鬆，沒有改變他人的欲望，也沒有想要與眾不同的需求。毫無來由地，就可以欣賞另一個人的美，也能感覺到別人看見了自己的美。

可惜的是，這世界誤將特殊關係（不論是戀愛或其他的關係），當作能媲美天堂經驗的替代品。這是我們神智不清的地方，也是帶來最多痛苦的幻相。我們一直在身體的層次上尋找愛，但愛並不在那裡。

我們開啟一趟無止盡的尋覓，找著根本不存在的東西，以為只要緊緊抓住某個人、某個情境，就擁有了打開天堂之門的鑰匙。但問題是，天堂根本不在別人身上，也不在他處，天堂就在我們心中。它和我們如何看待別人無關，而和我們如何看待自己有關。這裡說的自己，不是單指一個人，而是指所有的人。寬恕每個情境中的每一個人，是我們返回天家的不二法門。

我們的目標只有上主，之外的其他目標，都無法帶來真正的喜悅。我們有權享有這份喜悅。相較於痛苦所激發出的轉化力量，我們對喜悅的轉化力量卻知之甚少。我們對喜悅，從來知道得不多。

要喜悅不難，但也沒那麼簡單。儘管如此，我們仍可以把喜悅當成一個目標。正如之前說過的，若不先認清地獄為何物，我們就不可能選擇天堂。地獄並非真實存在，它只是一個恐懼的幻相，而當我們置身在幻境之中，一切虛妄之物看起來都無比真實。幻相的力量，確實非常強大。

《奇蹟課程》領我們進入光明的方式，不是透過去否定或壓抑內在的黑暗，而是在類似心理治療的過程中，把黑暗帶向光明，而不是把光明拉進黑暗。在開悟的世界裡，由聖靈指引的心理治療，絕對具有舉足輕重的地位。《奇蹟課程》說：「不願正視幻相的人，必然受制於幻相；因為**『不願面對』本身即是對幻相的一種保護。**」[11]如同童話故事裡的城堡，總是被惡龍所圍繞，通往天堂的道路兩旁也伴隨著許多自己的心魔。

《奇蹟課程》說：「**療癒之道無他，只需清除擋在真知之前的種種障礙。除非你能直接面對幻相，不再袒護，你才驅除得了它們。**」[12]開悟的考驗，往往就發生在令自己和其他人都無力招架的痛苦經驗中，那是為了讓我們看清執著的幻相，然後有意識地選擇放下。人若尚未準備好投身光明，缺乏進入天堂的積極意願，就會留戀黑暗，執迷於黑暗的深邃迷人。

一些傳統的心理治療法，非常強調「分析黑暗才能導向光明」。但是，這些方法很可能正中小我下懷，使得心理治療變調為對小我的身世訪查，而讓我們更深陷在指責別人與過去的泥淖裡。如果心理治療能為聖靈所用，便成了一趟追尋光明的旅程。

當兩個人在一起時，若能邀請聖靈進入雙方的關係中，把痛苦的知見轉化為愛的真知，這就成為了一段神聖關係。我們之所以那麼需要療癒，正是因為失落了對於友誼的真正理解。所有真實的關係，不論以什麼形式呈現，都是一種心理治療的過程，包括宗教信仰也是。以聖靈為師的心理治療師，會先親自接受救贖，因為唯有自己的知見先受到治癒，才有能力去幫助別人破除幻相。

在不久的未來，伴侶們會越來越頻繁地把心理治療用於維繫兩人的關係，而不是當成婚姻諮商的工具。從前，人們對心理治療有種錯誤的刻板印象，總以為有「毛病」的人，才需要去接受那樣的治療。如今，我們已能接受，那其實是讓自己保持神智清醒的方法。當雙雙對對的伴侶走向上主的懷抱，他們將可以持續地認清自己的想法和感受。

就在天堂的大門外，充斥著形形色色的幻影。只有打從內心深處，才能化解這些幻相。凡是有形世界裡發生的事，其意義若不是為了激發我們嚮往天堂的衝動，就是為了讓我們離天堂更遠。當我們站在天堂的大門前，不確定要不要踏進去，雖然受到愛的牽引，但依然被恐懼緊緊囚禁時，要記著自己承擔著救人救己的神聖責任。「**因此，不論你們終將邁向天堂或是墮入地獄，也絕非獨自前往的。**」[13]我們的選擇很重要，攸關所有人的命運。

不論是出自個人或集體的抉擇，都決定了這世界要往地獄或天堂去。可以肯定的是，我們這一代人，正站在一個抉擇的轉捩點上。選擇權就握在我們手中。未來的世代會知道我們是誰，也會常想起我們。當他們提起我們的時候，也許會非難，也許會感激。

天堂的大門

切勿認定天堂之路必然崎嶇難行。14

我們已經來到天堂的大門前，心中深知這裡就是自己數百萬年前，離開的地方。今天，我們要回家了。

我們是「浪子回頭」的一代。曾經遠離家園，現在則因為即將回到家中而雀躍不已。我們用盡一切方法抗拒自己與別人的愛，直到有一天，開始受到生命一體性的吸引。過去抗拒愛的作為，沒有什麼好羞恥的，那都是我們學習的過程。我們選擇不走入某扇門，並非因為某些假道學的理由，而是因為我們打開過那扇門，後來知道裡面是一條死胡同。我們從經驗中學習，因為經歷過黑暗，所以準備要邁向光明。

有一次，門徒問奧修說：「為什麼《聖經》說『神愛罪人』？」奧修回答說：「因為罪人往往比較可愛。」我們是可愛的一代，只是自己不知道罷了。當我第一次瞭解到，當下即是決定性的一刻，我們在接下來這二十年裡所做的抉擇，將影響人類長久的生存時，我就為世界的未來捏把冷汗。世界的命運，就這樣交在我們手上嗎？我心想，不會吧？任何人都好，但不要是我們！我們是被寵壞的小孩，道德崩壞的一群。但是，當我再進一步去看時，才訝異地發現，其實我們並不壞，只是受了傷，而那些創傷為我們打開了療癒的機會。

在天堂的大門外，越來越多人談論療癒，也越來越多人渴望療癒。儘管夾雜著種種痛苦和內在的衝突，神聖的歸途如今已成氣候。已經有越來越多的人，有意識或無意識地承擔起療癒的責任，在一種意識清明的歡欣中，盼望著重回天堂。

在徹底覺醒之前，聖靈會先把我們的痛苦惡夢，轉為快樂美夢。為了使整個世界更趨近天堂，以下有幾個對於快樂夢境的省思。

我們必須對過往發生的一切，做全面的集體寬恕。這是為了讓我們的文化有機會獲得療癒，並重新開始。美國最好、最光明的一面之所以出不來，是因為甩脫不掉過去種種疏失的包袱。就美國的現況而言，有過荒唐性關係和嗑藥歷史的人，會很怕去從政，擔心自己不堪的過去要被攤在陽光下，接受公評。但是，關鍵不在於過去做了什麼，而在於今天如何面對那些事。只要我們願意重新選擇，一切發生過的事，都會變成用來提升自己愛心的教學工具。

真正有意義的問題，不是我們過去做了什麼，而是從過去中學到了什麼，並且如何把那些智慧用於現下。沒經歷過艱辛戒酒歷程的人，很難說服一個酒癮者戒酒；沒經歷過悲從中來的人，不會懂得怎麼安慰傷心的人。除非自己痛徹心扉過，否則我們很難幫助別人從痛苦中解脫。

我對美國總統尼克森一向沒什麼好感，直到在電視上看到他黯然下台、離開白宮後，我對他就改觀了。我心想，雖然這個人罪有應得，但是他也嘗到了被羞辱的苦果。一個人要能捱過那麼慘痛的過程並不容易，他唯一能做的就是跪在上主面前，全然投入上主的懷抱中。我看著螢幕上的他，覺得他確實那樣做過了。我在他的臉上，看見一抹溫柔的光輝，那是我從來不曾見過的。於是，我告訴自己：「**現在**，這個人總算可愛多了。」尼克森似乎嘗到了浴火重生的況味。比起從前，他現在能給出的更多了。我相信現在的他，懂得了用更真誠的態度對人說話。

在天堂的大門外，我們永遠無須害怕低頭道歉。如果美國願意真誠地反省，為違反立國的神聖精神，以及如何對待其他國家（像是越南）而道歉，並做出修補，這對美國來說將是多美好的一件事。美國是一個偉大的國家，但也像其他國家一樣會犯錯。美國的偉大之處，不在於軍事武力，而在於信仰神聖的真理。大國就像一個大人，更應勇於認錯、勇於彌補，同時請求上主和其他人給予改過自新的機會。這麼做，並不是在示弱，而是謙卑和真誠的表現。若少了謙卑和真誠，一個國家就不可能偉大。

另外，我們若能由衷地向所有非裔美國人致歉（林肯總統已經為我們鋪路在先），那將是一件多美好的事！我們可以說：「我們謹代表自己的祖先，為他們曾把你們的祖先從非洲家鄉帶來這裡，並予以奴役而深深致歉。我們明白這種可怕的侵犯，已經造成世世代代善心人的痛苦。請寬恕我們，並讓我們重新開始。」

我們起碼可以做到的是，建造一座美國黑奴史紀念館。和黑人相比，白人其實更需要主動做這些事。當我們主動尋求寬恕，非裔美國人也會覺得寬恕容易得多。當然，這一切也一樣適用於印第安原住民身上。除非我們願意接受救贖，否則種族間的芥蒂永遠得不到奇蹟的療癒。

依我看來，為歡迎自波斯灣返國的美國國軍而辦的遊行活動，當中參雜著一種對越戰老兵的彌補心態。我希望在表揚這些軍人的同時，也別忘了其他為國家貢獻的人，像是我們也應該為學校老師、做研究的科學家等等國家的棟梁舉辦遊行。

談到國家的棟梁，孩子是我們最重要的資產。只要省下監禁一名受刑人一年所需的費用，就可以為一位中下階層的學童，提供更多的教育資源和生活補助，減少他們落入絕望深淵，或是去吸毒、從事犯罪行為的機會。我們花在孩子身上的金錢、精力和時間，永遠都不嫌多。孩子是我們的天使，是我們的未來，讓他們挫敗，就是讓我們自己挫敗。

在天堂的大門外，我們可以做的事還有很多，像是昇華自己的靈魂，落實自己的信念，以及祝福世界的轉化發生。我們必須對上主和自己有信心。不論祂的旨意是什麼，祂都會讓我們知道；不論祂希望哪些事得成就，祂自會指引我們去完成。每一個社群都有尚待完成的工作，每一個國家都有需要治癒的創傷，而每一顆心都有力量完成使命。

聖誕節

星光是聖誕節的標誌，象徵黑暗中的光明。15

聖誕節是改變的象徵，其意義是以人性為母、以上主為父的新自我（new self）的誕生。聖母瑪麗亞象徵所有人內在的陰性特質，她由靈性（spirit）那裡受孕。她的使命是為了表達：是，我願意，我接納，我不會讓這個過程流產，我願意謙卑地接受這份神聖任務。而歷經這過程後所誕生的孩子，就是我們內在的基督。

天使在午夜時分喚醒瑪麗亞，告訴她去屋頂和祂們會面。「午夜」象徵著我們心中的黑暗、困惑和絕望；「去屋頂」則意味著把電視關掉、保持清醒、閱讀一些好書、冥想和禱告。天使是上主的聖念，我們只有在純淨的心理狀態下，才能聽見祂們的聲音。

大部分的人，都聽見了天使召喚自己去屋頂的聲音，否則也不會讀什麼心靈書籍（包括這本書）了。在這樣的時刻，我們被賦予了接納上主聖靈的機會和挑戰，允許祂的種子進入我們的奧體（mystical body）。如果願意的話，我們可以把自己的心當作孕育基督的子宮，讓祂在裡面安心地成長，為降生於塵世做準備。上主已經選定讓祂的聖子，從我們每個人身上誕生。

在《聖經》裡，客棧老闆告訴耶穌的父親約瑟說：「這裡沒地方可住了。」「客棧」象徵著我們的理智頭腦，那裡沒有容得下聖靈的空間。但也無妨，因為上主不需要它。上主只需要馬槽裡的一塊小小空間，和一丁點歡迎祂誕生人間的小小願心就夠了。就在那「被牲畜包圍著」的馬槽裡，基督和人類的天然自我（natural human self）合而為一，統領宇宙的救世主（the One）於焉誕生。

野地裡的牧羊人，比任何人都早一步看見「聖誕之星」（the star of Christmas）。牧羊人象徵著那些帶領、照顧、保護和療癒大地之子（the children of the earth）的人，他們理當是最早看見希望的人，因為他們正是給出希望的人。他們讓自己的生命成為培育奇蹟的沃土，他們看見，然後跟隨聖誕之星，一路來到耶穌被人抱在懷裡的情景前。

世上的君王都向耶穌敬拜，因為世間的所有力量在他面前，都已相形失色，「在純潔無罪的力量面前，獅子與羊羔同臥。」（譯註：作者摘自《舊約聖經．以賽亞書》）這時候，我們的力量和純潔無罪的本性調和一致，我們的柔順與魄力也不會抵觸。

有一首聖誕頌歌是這樣唱的：「這世界長久受到罪與惡的綑綁，直到他的降臨人心才建立價值。」其實，我們不該一年中只有這一天才慶祝基督的誕生，因為每一刻基督都在誕生。每一刻，我們都可以與聖子奧體（Sonship）認同，讓生命比前一刻更豐盛。我們在愛中擴大自我覺察（self-awareness）的能力，憶起自己的真實身分。人子認識自己，由此他成了上主之子。

如此，這世界就得到了救贖、恢復、治癒並圓滿了。在我們接受真實生命的慧見之後，死亡的惡夢將會終結。耶穌就像是印記在我們心中的真理，就像阿拉法和俄梅戛（the alpha and the omega，譯註：希臘文頭一個和最末一個字母），那是我們旅程的起點和終點。就算他換了一個名字，換了一張面容，他還是我們的本然真相——一體生命的基督奧體（the mystical body of Christ）。回家，就是重歸我們在這奧體之內的位置，重建了自己和上主，自己和別人，以及自己和自己的正常關係。

復活節

復活之所以能夠讓你如此情不自禁，只因它道出了你心底的願望。16

聖誕節和復活節，是一個開悟的世界觀的兩極。我們若是用開悟的眼光看待聖誕節，會發現它其實是我們內在透過上主而生的神聖自性（Self）。而當我們用開悟的眼光看待復活節時，則會瞭解這份自性正是宇宙一切力量所在。在自性面前，死亡頓失力量。

復活是喜悅的象徵。復活意味著，完全明白我們不受自己或他人缺乏愛的影響，而能欣喜地說出：「我懂了！」接受復活，是指我們明白了一個事實——無須等待，現在即可視自己為獲得療癒而圓滿的人。

有一次，我和女性友人芭芭拉聊天，她那陣子一連遭逢三起心理打擊——父親病危，和交往七年的男友分手，然後和一個典型的「彼得潘」（譯註：指性格較不成熟的男人）陷入短暫的熱戀。當我們討論到復活的原則，以及對天堂的渴望時，她告訴我說：「我想我得相信上主自有安排。當事情該好轉的時候，就會好轉。」

由於她想更深入地瞭解《奇蹟課程》的理念，於是我告訴她，既然課程說時間並不存在，「以後」事情會好轉、上主會來救她的這種說法，根本不可能是真的。復活的意思是說，釘十字架這件事不曾發生過，一切苦難只發生在我們的妄心之中。

在這裡，基督意識（Christ-consciousness）不是指芭芭拉的父親會死而復生，或和前男友分手的傷痛將隨時間褪去，也不是說她夭折的新戀情有一天會轉為友情。基督意識指的是，瞭解天堂就在此時此刻——父親的身體雖然死去了，但是真實的他並未死去；儘管一段長久關係的形式改變了，但真實的部分卻完全不受影響，因為愛本身是永恆不變的；「彼得潘」的離開也是一樣，因為他們之間的聯繫將永遠存在。

她的難過沒有事實基礎，都是憑空想來的。她對事件的詮釋以及事件本身，使她鎖上心門，而天堂則能轉化她的心靈對這些事的知見。待知見轉化了，外在的世界也將隨之轉變。復活就是從我們的夢境裡醒來，重返正念之心（right-mindedness），讓自己從地獄中解脫出來。

芭芭拉在聽了這番話後，終於笑逐顏開。當芭芭拉願意審視自己的人生、關係、身處的環境及所承擔的痛苦時，就能像孩子一樣開懷地笑。因為我們認清了自己急切地想把釘子釘進自己的手腳裡去，緊抓著世俗的價值觀不放，無視於其他能夠釋放我們、讓我們快樂的選項。我們祈禱，願自己永不忘記：愛才是唯一的真實。就算只能記得短短幾分鐘，仍能看出自己其實沒有絕望的必要。在那頃刻間，我們瞥見了天堂，並為能更常擁有這樣的一刻而祈禱。《奇蹟課程》說：

通往十字架的道路可算是最後一條「無用之旅」了。你無需在那兒徘徊流連，事過境遷之後，就讓它過去吧！唯有當你能夠將它看成最後的一趟「無用之旅」，你方能從中脫身而出，與我結合於復活之境。在這以前，你只是在虛擲生命，反覆重演同一戲碼：分裂的經驗，沉淪的滄桑，以及小我回天乏術的彌補工程；最後，只好把身體送上十字架，也就是死亡。在你甘心徹底放棄這條路以前，你的人生只能這樣周而復始地循環下去。別再「抱著這破敗的十字架不放」，沒有比這更可悲的錯誤了。十字架的訊息其實只有一個，即你有戰勝十字架的能力。在那以前，你甘願釘死自己多少次，是你的自由。但那絕不

是我所傳給你的福音。我們可以取道另一條路，只要你願意用心研讀我給你的這些教材，它們保證會送你上道的。17

〈學員練習手冊〉在結尾處說道：「**這個課程只是一個起步，而非結束。**」18靈性的道路是條回家的路，但它本身並不是家。家，就在我們心中。每分每秒，我們都在選擇是要安息在家中，還是抗拒回家。《奇蹟課程》說，我們真正害怕的其實是救贖。

即使如此，我們內在的基督仍深諳真理。上主交給祂的任務是智取我們的小我，消解我們的自我憎恨。基督不會攻擊小我，而是會超越小我。祂不受時空的限制，一直都在我們心裡；祂永遠陪在我們身旁，不論我們的呼喚多麼微弱，祂都會全力回應。

我們不時禱告祈請祂的到來，但祂其實早就與我們同在。我們透過禱告向上主發言，上主則以奇蹟回應我們。有無限的交流，在愛人的人與被愛的人之間，在上主與我們之間。這是最動聽的歌曲，也是最甜美的詩篇；是最偉大的藝術，也是最熱切的愛。

親愛的上主：

我把今天交託給祢，把我辛勤的果實和內心的渴望交給祢。我把所有的疑惑都交在祢的手中，把所有重擔都交在祢的肩頭。我為我的弟兄和自己禱告，願我們都能回歸於愛，願我們的心靈都得到治癒，願我們都蒙受祝福。願我們都找到回家的路，從痛苦走向平安，從恐懼走向愛，從地獄走向天堂。

願祢的國降臨，祢的旨意行在地上，如同行在天上。

因為祢就是天國、權柄和榮耀。

直到永遠。

阿門

【致謝】

新版《愛的奇蹟課程》之所以能夠問世，是因為自從一九九二年以來，獲得了很大的迴響。為此，我要深深感謝歐普拉（Oprah Winfrey）女士。若非她的熱心推薦，這本書、我和所有讀者，都不可能享有現今的成果。

感謝我的版權經紀人艾爾．羅曼（Al Lowman）。由於他的緣故，我才開始寫這本書。也因為他的督促，我才能寫完。安德蕊．查恩（Andrea Cagan）也是這本書的重要推手，她對這本書的貢獻非同小可。感謝卡蘿．科恩（Carol Cohen）、艾德里安．柴克罕（Adrian Zackheim）、米歇爾．艾芙絲（Mitchell Ivers），以及其他HarperCollins出版社的編輯團隊。我的朋友里奇．古柏（Rich Cooper）、諾瑪．費拉拉（Norma Ferarra）、大衛．卡斯勒（David Kessler）以及維多利亞．皮爾曼（Victoria Pearman），我對你們懷有無比深遠的感激。

此外，感謝從我開始演講至今，每一個曾經來聽過我演講的人。

感謝我的父母，和他們給我的一切。感謝我的女兒，為我的生命帶來了無可言喻的美好。

最重要的是，感謝自《愛的奇蹟課程》出版以來，這麼多讀過它的人們。他們和我分享自身的見證，訴說著這本書對人生造成了多大的影響。讀者的支持對我來說尤其重要，我對所有讀者的感謝溢於言表。

本書引文與《奇蹟課程》章句代碼對照索引

本書中每段引文，均會以例如T-18.III.3:3之方式標示，藉以註明該出處的章、節、段、句，此為《奇蹟課程》國際通用的章節代碼標示法。索引中的章句代號如下：

T　：〈正文〉

W　：〈學員練習手冊〉

M　：〈教師指南〉

C　：〈詞彙解析〉

P　：〈心理治療：目的、過程與行業〉

S　：〈頌禱：祈禱、寬恕與療癒〉

intro：導言

作者序

1 T-Intro.1:1-7

第一章　地獄

1 T-31.VIII.8:3　**2** T-18. III.3:3　**3** T-13.VIII.8:5

第二章　上主

1 T-7. IV.2:2　**2** T-29.I.1:1　**3** T-4.VI.7:6
4 T-4.I.9:1-2　**5** T-intro.2:1-4　**6** T-intro.1:8

第三章　你

1 T-30.III.8:4　**2** T-4.I.7:6　**3** T-7.III.5:1
4 T-5.V.3:7　**5** T-2.I.2:1　**6** T-1.VI.2:1
7 T-5.I.5:4　**8** T-8.VII.2:2　**9** T-17.II.5:2
10 W-351.1:5　**11** W-188.1:4　**12** C-V.5:7
13 T-1.III.1:1

第四章　臣服

1 W-194.9:2　**2** T-17.VII.2:1　**3** T-21.III.5:2
4 T-11.III.5:3　**5** T-15.III.9:1

第五章　奇蹟

第六章　關係

第七章　工作

1 T-2.V(A)18:2-6
2 W-154.2:2
3 W-71.9:3-5
4 T-11.V.3:6
5 T-9.VIII.8:1
6 T-9.VIII.2:1
7 T-30.V.9:9
8 T-1.I.7:1
9 T-1.I.1:1
10 W-154.3:2
11 T-1.VII.2:1-2
12 W-256
13 W-66
14 W-71
15 T-18.IV.5:12-13
16 T-18.IV.6:1-2
17 W-47.1:1
18 T-15.IX.4:2

第八章　身體

1 T-18.VI.4:7-8
2 T-27.I.11:1
3 T-18.VIII.2:5
4 T-8.VII.9:7
5 T-8.VII.3:4
6 T-19.I.3:3
7 T-2.IV.3:8
8 T-7.V.1:1
9 T-8.VIII.9:9
10 T-8.VIII.1:7
11 T-6.V:1.2:6
12 T-10.V.8:1
13 T-7.IV.6:9
14 T-4.IV.8:3
15 W-140
16 T-14.IX.3:2
17 T-21.VI.5:1
18 T-25.intro.1:1
19 T-27. VIII.1:1
20 T-31.VII.8:6
21 T-18.VI.3:1
22 T-31.VI.2:2
23 T-8.VII.1:6
24 T-22.III.5:3
25 W-34.1:2
26 T-24.VI.4:1
27 W-163
28 T-15.IX.1:1
29 M-24.1:1-3
30 M-24.1:6
31 M-24.1:8-9
32 M-24.2:7-8
33 S-3.II.2:1-4
34 S-3.II.3:1-5
35 S-3.II.4:1

第九章　天堂

1 M-24.6:4-7
2 W-138
3 T-5.VI.12:1
4 T-13.VII.9:7
5 T-18.VI.10:1
6 W-intro.1:3
7 T-13.VI.10:1
8 T-13.IV.2:1
9 T-11.VIII.1:8
10 T-21.I.7:5
11 T-11.V.1:1
12 T-11.V.2:1-2
13 T-25.V.5:3
14 T-26.V.2:4
15 T-15.XI.2:1
16 T-11.VI.6:2
17 T-4.intro.3:1-11
18 W-跋.1:1

BC1016R

愛的奇蹟課程：
透過寬恕，療癒對自己的批判

A Return to Love: Reflections on the Principles of "A Course in Miracles"

作　　者　瑪莉安・威廉森（Marianne Williamson）
譯　　者　周群英
責任編輯　田哲榮
封面設計　斐類設計
校　　對　蔡函廷

發 行 人　蘇拾平
總 編 輯　于芝峰
副總編輯　田哲榮
業務發行　王綬晨、邱紹溢
行銷企劃　陳詩婷
出　　版　橡實文化 ACORN Publishing
地址：10544臺北市松山區復興北路333號11樓之4
電話：02-2718-2001　傳真：02-2719-1308
網址：www.acornbooks.com.tw
E-mail信箱：acorn@andbooks.com.tw
發　　行　大雁出版基地
地址：10544臺北市松山區復興北路333號11樓之4
電話：02-2718-2001　傳真：02-2718-1258
讀者傳真服務：02-2718-1258
讀者服務信箱：andbooks@andbooks.com.tw
劃撥帳號：19983379　戶名：大雁文化事業股份有限公司

印　　刷　中原造像股份有限公司
二版一刷　2019年7月
二版四刷　2022年8月
定　　價　380元
ISBN 978-957-9001-97-7

國家圖書館出版品預行編目資料

愛的奇蹟課程：透過寬恕，療癒對自己的批判／瑪莉安・威廉森（Marianne Williamson）著；周群英譯. -- 二版. -- 臺北市：橡實文化出版：大雁文化發行, 2019.07
　面；　公分
譯自：A return to love : reflections on the principles of a Course in miracles
ISBN 978-957-9001-97-7（平裝）
1. 靈修
192.1　　108009206